Cambio de Velocidad de Desarrollo Socioeconómico

Tercera Edición

MAXIMILIANO BRANDT

DEDICATORIA

A mi esposa Roxana y mis hijos Martin y Maximiliano por
todo su apoyo y amor.

CONTENIDO

AGRADECIMIENTOS

Agradecemos el patrocinio de APEDELA, la Asociación para el Desarrollo Económico en Latinoamérica por su apoyo económico y profesional.

Por sus consejos y comentarios al primer borrador de este libro le agradezco a Gladys Rossel Huicí, editora y autora.

INTRODUCCION

La Globalización es un proceso histórico que ha resultado de la innovación humana y el progreso tecnológico.

Es un proceso de alta integración de las economías alrededor del mundo particularmente a través del comercio y los flujos financieros. Los mercados incentivan la eficiencia a través de la competencia y la correcta asignación de recursos. La globalización nos ofrece mercados más grandes.

El siglo veinte vio un crecimiento económico y de intercambio comercial sin precedentes en la historia de la humanidad. El producto interno bruto per cápita se incrementó cinco veces. Sin embargo, este crecimiento sin parangón histórico no ha sido bien distribuido. Ahora es el momento para los países en desarrollo de ganar cierto porcentaje de esta rentabilidad que la globalización y sus mercados ofrecen.

Hay países que abrieron sus mercados unilateralmente y dieron un impulso exportador por la vía de distintos incentivos y políticas sectoriales, en forma previa a la globalización de los mercados financieros. Por un lado hacían algo que nadie se atrevía a hacer: abrir sus mercados, para a través de este proceso dejar caer empresas que tuvieran retornos reales más bajos que otros actores en los mercados globales y dar oportunidad a las que sí sobrevivieron, que se convertían en exportadores naturales, porque si eran competitivas sin impuestos a las importaciones, bueno, podían exportar a otros mercados en igualdad de condiciones y ganar participación.

El éxito o fracaso de nuestra gestión para resolver nuestros problemas puede que esté ahora y vía el aprovechar las oportunidades que nos da la globalización.

Este libro reproduce los resultados de una investigación socioeconómica que persigue encontrar los fundamentos de la nueva economía globalizada.

El libro lo comencé a escribir en Milán, Italia, lugar donde también comencé la investigación. Luego visité Roma, Berlín y Brandemburgo con el mismo propósito.

La investigación me llevará además a Guatemala y a la ciudad de Saint Louis en EEUU.

Esta lupa sirve para observar la realidad, cada vez más globalizante

1 ¿QUÉ SUCEDE CON LA GLOBALIZACIÓN?

La Globalización es un proceso histórico que ha resultado de la innovación humana y el progreso tecnológico. Se refiere a la extensión de los mercados por sobre las barreras fronterizas de cada país. Además es un proceso de alta integración de las economías alrededor del mundo particularmente a través del comercio y los flujos financieros.

Básicamente eso es la globalización. El termino se viene utilizando desde la década de los años ochenta, aunque hay investigadores que dicen que ésta ya se viene presentando desde hace cien años, y que recién la estamos sintiendo dado el nivel de velocidad alcanzado por los avances tecnológicos que han hecho posible esta integración a una escala mayor.

Los mercados incentivan la eficiencia a través de la competencia y la correcta asignación de recursos. La globalización nos ofrece mercados más amplios. Por ende nos da la oportunidad de tener mayor venta de nuestros productos y servicios.

Como veremos en las siguientes paginas lo anterior es cierto. El problema radica en cómo fomentar esta economía global para que tenga los mismos efectos positivos para toda la población mundial. Es ahí donde debemos multiplicar nuestros esfuerzos para lograr acceso a este mega mercado que se ha formado gracias a la globalización.

El siglo veinte vio un crecimiento económico y de intercambio comercial sin precedentes en la historia de la humanidad. El producto interno bruto per capita se incrementó en cinco veces. Sin embargo, este crecimiento sin parangón histórico no ha sido bien distribuido ni en de las economías favorecidas, como tampoco en las economías que no han sido beneficiadas por este mercado. Incluso hay casos de retrocesos en el desarrollo socioeconómico en algunos países del globo.

El mismo documento comenta que el crecimiento en "standards" de vida se debe a la capacidad de llevar inversión a esos países y con la ayuda de la mano de obra de los ciudadanos y la utilización de nuevas tecnologías se puede lograra un salto en el desarrollo de un país en particular. Tres áreas básicas, donde los países en vías de desarrollo deben concentrar sus esfuerzos de políticas públicas son: primeramente, lograr una estabilidad económica; segundo, un esfuerzo en reforzar las instituciones del estado y finalmente aplicar las reformas estructurales que se ven en detalle más adelante en el libro.

La globalización significa la creciente interdependencia e Inter-conectabilidad del mundo moderno. Esta tendencia se ha acelerado desde el término de la guerra fría. El incremento en las facilidades para el movimiento de bienes, servicios, capital, personas, e información atravesando fronteras nacionales esta rápidamente creando una sola economía global.

La globalización es caracterizada también por el crecimiento en tamaño e importancia de las empresas transnacionales, las cuales hoy día dominan cerca de un tercio de la producción mundial, y dos tercios de la comercialización de esa producción.

Para responder a los retos de la globalización tenemos que ser eficientes y creativos, para aprovechar las oportunidades que este mega mercado nos da. Como sociedades debemos tratar de bajar los niveles de marginación social, pobreza, y finalmente discriminación.

La globalización viene con cambios muy rápidos. Ha generado oportunidades en muchos lugares del mundo. Ahora, debemos comprender que la globalización así como el capitalismo permea nuestras sociedades, culturas y básicamente nuestras vidas. .

A través de la historia humana, la exposición a otras culturas siempre ha tendido a enriquecernos y no a empobrecernos. La globalización acelera este proceso de exposición a nuevas culturas, formas, mercados, productos, etc. Pero la globalización no debe hacer que nuestros productos pierdan su identidad propia, puesto que al carecer de ella, no serían de interés para los mercados globales, pues serían idénticos a productos ya producidos en otros países.

Visto lo anterior, la creatividad es una característica básica en el esfuerzo de insertar a Latinoamérica en la globalización y sus frutos.

Ahora, debemos comprender que los países más desarrollados se han beneficiado de la globalización no por una marcada diferencia en la capacidad que estos tienen sino que como ya dominaban, a través de sus inversiones y empresas, la economía mundial, la globalización les ha permito un mayor crecimiento de sus mercados.

Ahora es el momento para los países en vías de desarrollo de ganar cierto porcentaje de esta rentabilidad que la globalización y sus mercados ofrecen.

Expandiendo el acceso a la tecnología, bienes y servicios, la globalización puede crear condiciones para un crecimiento económico más rápido. Incremento en los salarios en forma general se ha dado en las sociedades que se han insertado a la globalización.

Milán.

El desempleo, como ya mencioné, es una de estas realidades. Así también lo son el subempleo de inmigrantes indocumentados o de niños.

Dicen que es estructural el desempleo en las nuevas economías y para explicar el termino "estructural", que deja colgadas a la gran mayoría de personas, lo graficaré de la siguiente forma: las economías no tienen demanda de empleados en la misma forma que estos salen al mercado laboral. Es decir: se produce un déficit de lugares donde trabajar. Esto quiere decir que, si aceptamos esas reglas del juego, la economía podrá florecer pero nunca producirá la misma cantidad de empleos que personas con necesidad de empleo.

Existe un número que representa todo lo económicamente hecho en un estado, el cual es el producto nacional bruto. Además existe otro número que es el de la población. Si tuviéramos a toda la población de ese país en el mismo nivel de poder adquisitivo, simplemente habría que dividir el primero por el segundo y eso nos daría la entrada per cápita. Es decir, la entrada económica por cada habitante de esa nación.

Not so fast Jack!!!

El problema es obvio. No se puede lograr la perfecta distribución del ingreso, pero sí sabemos que, mientras más nos acercamos a este centro, hay mejor distribución. Mientras más nos alejamos de ella, hacia la periferia, mayor es la diferencia en la distribución del ingreso de los ciudadanos.

Por ello empresas, como el caso de Avis y otras, tienen programas de reparto de utilidades, para mejorar esa distribución a través de un incentivo laboral.

Recuerdo un artículo que escribí al respecto titulado ' Don't fight them, Shape them' para la revista de administración de la Universidad de Central Michigan, donde estudiaba un postgrado el año mil novecientos noventa. El artículo trataba sobre la necesidad de que los lideres de las centrales de trabajadores se involucraran en lograr mejores paquetes de reparto de utilidades para sus socios, en vez de únicamente rechazar de plano la iniciativa. En esa época los lideres sindicales miraban como un enemigo para sus organizaciones sindicales el hecho de que trabajadores pasaran a ser en parte propietarios de los frutos de la empresas donde laboraban.

Una buena distribución del ingreso no debe confundirse con repartir la riqueza ya acumulada. Los procesos de reivindicación económica social no han dado resultados.

Muchas veces hablamos de entrada per cápita en tal o cual país, pero si no sabemos si la distribución es buena o mala, es casi un dato inservible para demostrarnos la capacidad real de adquisición y ahorro de cada individuo.

Sí, la antigua pregunta ¿es mejor trabajar dentro o fuera del sistema ? se vuelve a repetir. Así debe ser cada vez en nuestras conciencias. Siempre he tenido la impresión que no hay que dejar los canales de comunicación cerrados.

En el libro del economista peruano Hernando De Soto, El Otro Sendero, nos indica que Latinoamérica vive aún en la época mercantilista y, por ende, los niveles de calidad de vida son completamente distintos al de países europeos que ya pasaron a una sociedad de carácter capitalista.

El mercantilismo en Latinoamérica es distinto puesto

que aún existe como parte de la economía real. Por ejemplo, un empresario que tiene una buena idea y necesita capital, tiene que dejar en prenda un bien por un valor similar al préstamo para obtener el financiamiento.

No se confía en que la buena idea deje frutos, vale decir, que los propios flujos financieros del proyecto aseguren la rentabilidad para pagar el financiamiento.

En una sociedad realmente capitalista esto no sucede puesto que para cualquier buena idea hay inversionistas dispuestos a poner a disposición del empresario (entrepreneur) fondos para que realice su proyecto y les devuelva el capital más rentabilidad.

2 HISTORIA Y ECONOMÍA

Roma.

Revisando lo que ha sido la historia laboral, primero debemos comprender las bases históricas del desempleo. Desde la época medieval un sistema altamente autoritario dirigió tanto la economía como el empleo vía la fuerza. Luego de la Revolución Industrial, la automatización y la eficiencia cada día mayor ha provocado, que junto a los ciclos económicos, estos sean factores que causan el desempleo.

El mercantilismo fue una fuerza económica que se desarrolló en Europa en forma previa al Siglo dieciséis, es decir, es propia de la Edad Media. La economía de esos tiempos era de carácter agrario. Las familias producían para auto alimentarse y no existía comercio sino que una versión primaria de este: el trueque. En dicha época existía una marcada diferencia de clases sociales y los ciudadanos se ubicaban en dos extremos de la sociedad. Usualmente los trabajadores eran pobres y sus empleadores eran ricos señores feudales que les permitían labrar la tierra cobrándoles impuestos por ello.

La filosofía mercantilista se puede describir como una de concentración de capital en las manos de pocos y la existencia de una mayoría de la población mundial en la pobreza. El mercantilismo llegó al Nuevo Mundo por el mismo motivo que este fue descubierto: para sacar sus riquezas y llevarlas a Europa.

Comercialmente, el mercantilismo, sólo se limitaba a la

exportación e importación de ciertos bienes. Se consideraba que mientras más se exportaba, y no se importaba, se lograba un mayor crecimiento económico. Esta situación causó la caída del mercantilismo, puesto que al incrementar las exportaciones y no la importaciones los productos de estos estados se volvían demasiado caros para su exportación. Por ende, esto terminaba con los logros que el mercantilismo traía a las sociedades

David Hume, filósofo y economista inglés, fue quien advirtió sobre esta situación del mercantilismo. Algo que todavía lo vemos en países que tienen un alto grado de su producto nacional bruto concentrado en las exportaciones, y como resultado, éstas se vuelven demasiado caras para ser exportables.

Adam Smith y su filosofía de las ventajas absolutas radica en que ciertos países tienen ventajas naturales, o absolutas, para la producción de ciertos productos. Por ejemplo, en el caso de Costa Rica, podríamos decir que el café y el turismo tienen ventajas absolutas en esos productos o servicios. Adam Smith además explicó que no debiera existir participación estatal en la economía puesto que el interés privado produce un progreso más rápido que cuando el estado interviene. Para Smith, los Estados sólo tenían que tener las funciones de defender a la nación contra agresiones foráneas, preservar el orden y la justicia, y mantener el sistema institucional de la nación. Ninguna otra función era para Smith, propia de la gestión del Estado.

En cuanto al comercio internacional, Smith siempre sostuvo que era importante una mayor libertad en el intercambio comercial. Para lo cual sostenía que había que bajar aranceles, eliminar medidas para-arancelarias, o cualquier otro método que perjudique el comercio internacional.

CAMBIO DE VELOCIDAD DE DESARROLLO
SOCIOECONOMICO

La mayor contribución de Smith fue en su teoría sobre la división internacional del trabajo, la cual permitía a las distintas regiones del mundo aprovechar al máximo sus ventajas absolutas.

Otro economista de origen inglés, David Ricardo demostró que las ventajas comparativas a diferencia de las absolutas son mejores para el intercambio internacional ya que para cada producto que se quiere exportar, se compara la ventaja de producirlo en un país o en otro. Esto logra que algunos países exporten ciertos productos donde tienen ventajas comparativas. Es decir, son más eficientes en la manufactura y producción de estos productos, pero así mismo otros países tienen ventajas comparativas en otros productos, llegando a la división internacional de la producción.

Lo anterior es obvio porque para evitar que los productos de un país suban demasiado de precio, lo que se hace es que las ganancias obtenidas por esos productos permiten la importación de otros productos donde no tienen ventajas comparativas. En el caso de Costa Rica, esto se refleja en la producción del café, dada las ventajas comparativas que Costa Rica tiene para producirlo. No es ese el caso para la producción de vinos en Costa Rica ya que no tiene las ventajas comparativas para producir este producto, y por ello, es mejor concentrarse en una mayor producción de café y utilizar las ganancias que resultan para la importación de vino, ya que este resulta más barato comprarlo que producirlo.

El mundo económico, al no poder competir en muchas áreas ha instaurado una política proteccionista para dar mayor oportunidad a los productos locales. La manera de hacerlo es a través de los aranceles y las medidas para-arancelarias, las cuales traban el comercio internacional.

CAMBIO DE VELOCIDAD DE DESARROLLO
SOCIOECONOMICO

Durante los años cincuenta y sesenta, la política de reemplazo de importaciones promovida por la CEPAL y dentro de éste por el economista argentino, Raúl Prebisch, tenía como objetivo el fomento de la producción manufacturera y sustitutiva de las importaciones. Dentro de ese esquema, los aranceles jugaron un papel preponderante en hacer de estas políticas un éxito.

Luego nos hemos dado cuenta que un país progresa más por medio de la especialización en su producción y no por el simple reemplazo de las importaciones. Esto se debe justamente al punto anterior sobre las ventajas absolutas y comparativas, ya que los países que tenían ventajas absolutas y comparativas en un determinado número de producto, resultaron perjudicados porque no las aprovechaban debido a que estas economías pretendían desarrollar productos para la mayoría de la demanda nacional.

Los argumentos que se esgrimían en esa fecha para defender la posición de los aranceles era atenuar la presión sobre los mercados de divisas, mejorar la posición de la balanza de pagos al restringir las importaciones, aportar gran cantidad de recursos al fisco por la colección de este impuesto, y por último, lograr una mayor concentración de capital por parte de los países pobres.

Junto a lo anterior había una política también desarrollada por la CEPAL, seguida por el "Pacto Andino" de integración hemisférica por medio de la cual se buscaba que cada país produjera un producto distinto para ser exportado a los otros países de la región. Lamentablemente, el problema de la asignación de qué productos se producen en cada país no permitía aprovechar las ventajas absolutas ni las comparativas de cada país. De hecho esta política empobreció a los países de la región.

Hay distintos tipos de integración económica. La primera es la más básica y consiste en una unión aduanera, por medio de la cual países colocan un arancel igual para productos provenientes de países no miembros de este grupo. La segunda es el área de libre comercio que supone una integración de los mercados del los países miembros. Finalmente, la forma de integración más desarrollada es la de un mercado común, tanto para el libre paso de productos, bienes, y servicios, y de trabajadores.

La Europa del siglo dieciocho vivió bajo los mandatos del capitalismo. La Revolución Rusa fue la reacción a niveles de vida muy bajos y el querer liberar al hombre de esta nueva malicia; el desempleo. Otros países también se dieron cuenta del problema social que causa el desempleo.

En la firma del tratado de Versalles, el cual finiquitaba las hostilidades de la primera guerra mundial, asistió como miembro de la delegación Inglesa un joven economista, John Maynard Keynes, quien a su corta edad era ya un sólido profesional. Keynes trató de disuadir a los Aliados, que no castigaran financieramente a Alemania de la manera que, especialmente, Francia quería hacerlo.

Justamente estas demandas astronómicas de pagos por pérdida durante la guerra, fueron el abono para la llegada al poder de los fascistas solo catorce años después, provocando el evento militar más catastrófico de la humanidad.

Después de la segunda guerra mundial, las únicas superpotencias que sobrevivieron fueron la URSS y los EEUU. Este último, inclusive más rico, que antes de la guerra.

La filosofía Keynesiana estipula que el Estado debe ser parte de la demanda de productos y servicios con el objetivo de poder tener empleo pleno. Es decir, que no haya desempleo.

Luego de la depresión se comenzó a cuestionar la libre economía del siglo diecinueve, ya que a diferencia de la del siglo dieciocho, debido a la concentración de capital en las grandes empresas, éstas no posibilitaban la libre competencia. Inclusive fue motivo para que las ideas Marxistas tuvieran eco en la población. Por ello de la importancia que el mercado y sus agentes sea transparente y que tenga los más altos estándares éticos.

La depresión también tuvo su costo en el mundo Colonial, el cual se vio gravemente afectado; lo cual llevó a revueltas independentistas que tuvieran éxito desde el término de la segunda guerra mundial hasta comienzos de los ochenta con unas últimas repúblicas; tal es el caso de Surinam, que obtuvo su independencia de Holanda en esa década.

Luego de este periodo vino uno de relativa calma con la creciente economía, pero también presentando algunos problemas. Desde los años cincuenta hasta los años ochenta fue un período que, aunque había conflictos armados, eran de carácter regional, con presencia de la grandes potencias.

Por otro lado, la pobreza acumulada en el mundo se comenzó a notar y esto hizo que se organizaran agencias internacionales, dependientes algunas de ellas de la ONU, para combatir la pobreza y eliminar la falta de progreso en el tercer mundo.

Los países desarrollados sintieron el alto costo de sus programas sociales y estos comenzaron a bajar en cobertura, calidad y finalmente en su número. Podemos decir además que, desde la década del cincuenta ya todo el mundo estaba en el sistema capitalista o en el comunista.

El sistema comunista se terminó con la caída del muro de Berlín, quedando sólo la economía capitalista.

En su libro La Sociedad Poscapitalista, Peter Drucker (1994) define primero que nada que la sociedad que se necesita ahora, difícilmente pude formarse a partir de la sociedad capitalista. Por ello recomienda a la ciudadanía poscapitalista basarse en las relaciones de los hombres, y no en la separación de los mismos por niveles de ingreso y consumo. Se requiere reconstruir las organizaciones de carácter social. Drucker nos da una demostración de su claridad al respecto, indicándonos que el trabajo de carácter voluntario y solidario es completamente irracional para la sociedad capitalista.

Muhammad Yunus nos indica la cantidad de clisés que existen sobre los pobres, como por ejemplo que los pobres deben tener una formación antes de obtener una actividad que genere ingresos, el crédito por si solo no sirve para nada debe ir acompañado de marketing, estudios, etc., los pobres no saben economizar, los pobres no saben trabajar en equipo, y muchas otras que solo constituyen trabas para que los pobres del mundo dejen de serlo.

Peter Drucker nos dice en forma reiterada que hay que fundar las bases de la sociedad pos-capitalista como una de ayuda, cooperación y, por supuesto, inclusión.

Inclusión en el sentido de tener formas de ayuda al individuo a compartir los logros de nuestro crecimiento económico y de una mayor conciencia social. Ésta es la única forma que tenemos para mejorar niveles de vida en todo el globo.

CAMBIO DE VELOCIDAD DE DESARROLLO
SOCIOECONOMICO

Podemos concluir que el mensaje de Drucker es que la inclusión mejorará nuestras sociedades, no como actualmente lo hace la exclusión.

La política dirigida por los postulados de la filosofía económica Keynesiana hizo posible, por ejemplo, el plan Marshall luego de la segunda guerra mundial, que a diferencia del tratado de Versalles, infundió nuevos valores democráticos, libertad, y oportunidad.

Grandes sumas de dinero fueron invertidas para la reconstrucción de la Europa Occidental, y en donde mejor resultado tuvo fue en Alemania, donde se llegó a llamar El Milagro Alemán.

Es decir, los postulados sobre la responsabilidad del estado de crear demanda y proveer capital para traer tranquilidad y crecimiento para todos no es una idea nueva. En la sociedad poscapitalista los enunciados de Keynes se ven nuevamente cuestionados, debido al mal historial del gasto por parte de los Estados. Lamentablemente el Estado no es bueno en la ejecución de proyectos y menos en lo que tiene que ver con el gasto. Tanto es así, que la distribución del ingreso no mejora después de la inversión del Estado. Esto es porque en realidad una alta parte de dichas inversiones van a cubrir costos salariales y no las inversiones para crear un impacto positivo para la población.

Lo he visto en distintos sectores, países y liderazgo político. Por ello privilegio la inversión a través de agentes de mercado para que el beneficio si llegue a la población.

El libro del autor Thomas L. Friedman, The Lexus and the Olive Tree: Understanding Globalization, columnista del New York Times toca varios puntos de interés.

CAMBIO DE VELOCIDAD DE DESARROLLO
SOCIOECONOMICO

Friedman dice que un día en año mil novecientos noventa y dos, cuando visitaba la fábrica en Japón de los automóviles Lexus, leyó en un diario un artículo sobre lo paradójico que resulta el hecho de que un país, como Japón, produce tecnología y se ve beneficiado por la globalización, por otro lado otros países encuentran mercados para poder colocar sus productos y servicios.

Esta situación en el desarrollo económico mundial es el punto central del libro de Friedman, ya que podemos crear un desarrollo equitativo a través del intercambio comercial. Friedman critica también a las agencias de evaluación de riesgo.

El gran histrionismo que demuestran los romanos quizás viene de esa característica ancestral, la cual se ve demostrada en las grandes construcciones. Cuando uno las ve te hacen sentir más pequeño de lo que eres. Quizás eso es lo que buscaban los romanos. Los invasores se sintieron pequeños al lado de la grandeza arquitectónica del Imperio Romano.

Como vemos, al igual que antes, las potencias económicas forman las políticas del futuro. Me viene a la memoria una conversación que tuve con un joven abogado norteamericano en una reunión sobre desarrollo de la microempresa en San José, Costa Rica. Me preguntaba éste, ¿por qué no habíamos visto venir la globalización? Le respondí que no sabía porqué no habíamos sido capaces de predecirla, pero de lo que sí estoy seguro es que nos da oportunidades para mejorar a través del comercio y el intercambio.

"Reagonomics" trajo la ideología de un estado pequeño, lo cual puede ser beneficioso, ya que permite bajar impuestos, lo que redunda en menores impuestos para el emprendimiento, es decir baja barreras de ingreso a ciertos sectores económicos. Un Estado más pequeño tambien permite evitar programas que no traen un impacto real. Reagonomics vino justamente porque el Estado es malo en la ejecución del gasto.

Reagan bajó los impuestos a la mitad. Liberó a la economía de trabas que no la dejaba crecer. Fue el primer Presidente en bajar impuestos en EEUU desde la presidencia de Calvin Coolidge en los años veinte.

La baja en la tasa impositiva hizo incrementar el ingreso disponible para el gasto personal, lo que sacó a la economía de la recesión. Dicho impulso se prolongó hasta finales de los años noventa, creando un largo periodo de crecimiento sostenido.

Diríamos que esta sería la respuesta de Reagan a Keynes, es decir, en vez de crear consumo desde el Estado, se bajan impuestos, liberando ingreso disponible individual que se gasta y crea crecimiento económico con lo que se saca a un país de la recesión o estancamiento económico.

Thatcher implementó políticas parecidas, teniendo un resultado similar en Gran Bretaña.

Pero lo que se debe reconocer es que antes que EEUU bajo Reagan, o Gran Bretaña bajo Thatcher, fue Chile el país que implementó dichas políticas de un Estado pequeño, así como abrirse a la competencia global al bajar sus aranceles para ser más competitivos y generar un fuerte sector exportador.

Así es, Chile abrió sus mercados unilateralmente y dio un impulso exportador por la vía de distintos incentivos y políticas sectoriales, en forma previa a la globalización de los mercados financieros.

CAMBIO DE VELOCIDAD DE DESARROLLO
SOCIOECONOMICO

Por un lado Chile hacía algo que nadie se atrevía a hacer: abrir sus mercados, para a través de este proceso dejar caer empresas que no se adecuaran al cambio y dar oportunidad a las que sí sobrevivieron. Hoy, alrededor de un sesenta por ciento del PIB en Chile es producto de las exportaciones.

Además existe una realidad y es que en muchos casos los negocios que no sobrevivieron se reciclaron con un nuevo nicho de mercado. Un nicho muy obvio es el mercado local. Es decir, diríamos que se crearon por la naturaleza de esos eventos, dos nuevas clases de empresarios. El que ubica su nicho en el mercado local y el que lo ubica exportando al mercado mundial.

Por otro lado en economías abiertas, todo el mundo domina el término de nicho de mercado. Es decir, es como que todos saben que algo pueden hacer y que alguien está dispuesto a pagar por ello.

Los ciudadanos norteamericanos saben que el gobierno federal no podrá darles una jubilación, a menos que la administración del seguro social de EEUU cambie su gestión por una no deficitaria. Se considera dejar a empresas privadas manejar una parte de la inversión del seguro social para mejorar el nivel de jubilaciones y salvar el sistema, siguiendo algunas de las recomendaciones del Director del Programa de Reforma de Pensiones del Instituto CATO de Washington D.C., José Piñera.

Por otro lado, el autor Lester C. Thurow, en su libro, "Building Wealth: The new rules for individuals, companies, and nations", nos explica que estamos viviendo en una nueva revolución industrial pero que esta vez no está dominada por las maquinas sino que por el conocimiento.

Por ello considera indispensable que los países se preocupen de educar a su población con el objeto de tener empresas eficientes y un Estado con una economía en crecimiento. La educación es básica debido a que sin ella no podremos aprender sobre los nuevos mercados, ni desarrollar productos para estos, y con el tiempo, nos volveremos analfabetos de esta nueva realidad.

3 CAPACIDAD DE REINVENCION

Florencia.

Caminando recordé que Florencia, entre todas las ciudades, nos enseña la capacidad de transformación que la sociedad debe tener. La capacidad de reinventar un mundo, el cual cambió y por ende nuestras organizaciones también deben hacerlo. Los Medici dieron el impulso al renacimiento italiano. En las distintas plazas y avenidas se puede apreciar esa capacidad de creación.

¿Dónde radica la fuerza para esa reinvención que se necesita?

Generalmente tendemos a ver la fuerza con que nuestras sociedades se acostumbran a los nuevos tiempos por la modernidad. En algunos casos inclusive se puede confundir al desarrollo con la modernidad.

Existen tanto razones de estructura económica histórica y también la parte cultural. Me refiero a que en ciertas zonas del mundo el hombre logró alcanzar sociedades avanzadas donde su cultura le ayudó en su desarrollo. Veamos un ejemplo; la nación isla de Islandia, en el Atlántico norte, donde los Islandeses siempre han debido vivir de la pesca, el resultado es que no solamente son los mejores para la pesca sino que también en la construcción de barcos.

En este caso vemos que tanto la forma de subsistencia que demuestra el lado técnico en el desarrollo de la pesca, como una cultura basada en una forma de vida ordenada y disciplinada, logran conjugarse en una máquina de desarrollo para ese pequeño país.

De la misma forma existen raíces históricas, culturales o étnicas que tienden a frenar el desarrollo: por ejemplo, en aquellos países donde la mujer no puede trabajar.

Como vemos, el aspecto cultural es muy importante, también lo es el técnico que ahora se ve identificado en el nivel de "tecnologización" que cada país alcanza. Pero es importante entender que muchos de los países desarrollados habían logrado ese nivel técnico primero y luego, gracias al surgimiento de la economía internacional, lo lograron mejorar.

Por eso es muy importante el considerar que ahora, con las nuevas tecnologías disponibles, tenemos una nueva oportunidad de acercar estas diferencias en desarrollo, ya que si los países en vías de desarrollo logran dar el salto, gracias a la tecnología, alcanzarán niveles de producción inimaginables en el pasado.

Cambio

Como veremos en los próximos capítulos, los cambios tecnológicos y económicos actuales también inclinan al ser humano a una etapa de cambio que está clara y gráficamente reflejada por el inicio de otro milenio y que, además, viene acompañada por distintos procesos de carácter económico. Esto provoca, a su vez, cambios en nuestro entorno económico y social.

¿De qué manera nos afecta este cambio? Eso va de acuerdo con la vida de cada uno. Pero lo cierto es que nos afecta o nos afectará en el futuro. Por ello, es esencial estar preparados y tratar de identificar de qué manera nos afecta personalmente.

CAMBIO DE VELOCIDAD DE DESARROLLO
SOCIOECONOMICO

Esto se puede lograr realizando un ejercicio en el cual se establezca qué cambios han ocurrido en nuestro entorno situaciones tales como un cambio de trabajo, nuevas metas dentro de lo que queremos alcanzar en el orden económico, nuevas necesidades, etc.

Una manera práctica de llevar a cabo lo anterior es pensar cómo realizábamos nuestro trabajo en el pasado y cómo lo hacemos ahora. ¿Hay algunas diferencias? Esas diferencias son las que marcan los cambio a los cuales nos estamos enfrentado. Si nada ha cambiado en relación con nuestro trabajo, tendremos que ver si organizaciones similares a las nuestras han sufrido cambios y cómo esos cambios nos afectarían si ocurrieran en nuestra organización.

Recuerdo una conversación con un amigo dueño de una imprenta, quien me comentaba que no lograba comprender qué estaba pasando con su negocio, ya que él intuía que cada día era más difícil vender sus productos.

Primero que nada, le aconsejé que miráramos nuestro entorno y lo comparáramos con el de hace diez años atrás. Una diferencia que nos llamó inmediatamente la atención, es la gran competencia que tenía ahora y que no tenía hace diez años.

El incremento en la competencia no sólo se veía reflejado en cuanto a los precios, sino además en servicios. La premura que vivimos en estos días nos obliga a requerir servicios cada vez más sofisticados y rápidos.

Eso nos hizo fijarnos en que un gran porcentaje de esa nueva competencia estaba justamente formado por imprentas ubicadas en distintas áreas de la ciudad, los cuales ofrecían un servicio rápido y a un precio competitivo.

Esta realidad la comparamos con la imprenta de mi amigo y nos dimos cuenta de que él tenía una única ubicación, en la ciudad y que, además, ofrecía y un muy buen servicio, pero que demoraba más tiempo que el de la nueva competencia y debido a ello la imprenta de mi amigo estaba perdiendo clientela.

Es decir, vemos como los tiempos modernos nos han obligado a requerir un servicio más rápido, ya que nuestra propia realidad así lo demanda. De esta manera, un cambio en los estilos de vida y trabajo tiene un nuevo valor para nuestros clientes.

Otra enseñanza que podemos extraer de este pequeño ejemplo, es que ahora la imprenta no sólo tiene que vender productos de papelería a las empresas, sino que, además, debe ofrecer servicio; es decir, mayor rapidez en la entrega, facturación mensual, unidad de diseños cerca de nuestras oficinas, etc. Este nuevo concepto de servicio también nos cambia el entorno de nuestra actividad.

Innovación como práctica

El ser humano es, por su propia naturaleza, un ente que provisto de la correcta educación, especialización y oportunidades puede desarrollar ideas innovadoras en términos de los procesos que involucran su labor diaria.

Educación para un proceso de innovación

El proceso educativo debe premiar la iniciativa. Hay que recordar que el proceso educativo no cesa nunca; cuando niños y adolescentes le llamamos educación formal y universitaria, en los casos de la educación superior. Pero nuestro proceso educativo no termina ni debe terminar ahí. Por el contrario, debemos seguirlo por medio de la lectura o bien capacitándonos en diversas instituciones.

Lo importante es continuar este proceso educativo para no quedarnos relegados en nuestro conocimiento técnico-laboral.

El mundo de hoy es cambiante y debemos estar preparados para esta condición. El cambio trae consigo nuevas áreas desconocidas, pero a la vez oportunidades; por ello es tan importante el tema de la innovación.

Desde la creación y la instauración de Internet, así como desde sus diversas aplicaciones, no podría ser más veraz la velocidad de las comunicaciones.

Cultura del cambio:
Este tema está muy asociado a lo que se conoce hoy en día como "La organización aprendiz" que, en esta mala traducción de su original en inglés, no es más que estar preparados para el cambio, dadas las situaciones cambiantes en todas las áreas de la economía mundial y, en particular, por la situación en el área laboral. ¿Cómo? Con la ayuda de ciertas técnicas que se definen de la cultura del aprendizaje constante que debe existir en una organización. Esto último tiene como efecto que la organización nunca quede fuera de tiempo en sus prácticas empresariales.

En resumen, todos deberíamos estar preparados para el cambio porque es un hecho y es mejor saber qué hacer en esos momentos y no convertirnos en organizaciones o profesionales obsoletos.

"La simpleza es muy difícil de entender", dice Jaime Lerner, ex alcalde de la ciudad de Curitiba, en Brasil. El señor Lerner ha propuesto nuevos sistemas y procesos para hacer de su ciudad una de las ciudades con mejor infraestructura y nivel de limpieza en Latinoamérica.

CAMBIO DE VELOCIDAD DE DESARROLLO SOCIOECONOMICO

4 INVERSION GLOBAL

En viaje a Alemania, pasamos por Suiza y recuerdo que éste es un país federado, pequeño y con un origen múltiple de sus habitantes. Esto ha funcionado en el caso de Suiza. Los cantones sí tienen poder político y económico. Quizás el tema de resolver los problemas económicos mundiales pasa por el hecho de tener un gran federalismo mundial, donde todos se sientan representados. Además de estar representados, todos podríamos aprovechar el mercado global del que hablamos.

La Revolución Industrial, durante doscientos años nos trajo otros problemas que anteriormente a dicho evento histórico tampoco existían.

En el siglo dieciocho con la aparición de los trenes, la gente creía que la velocidad alcanzada por éste podía desfigurar a una persona, debido a la fuerza de la velocidad. Muy pronto el tren pasó a ser parte de nuestro entorno, ha ayudado de sobremanera al desarrollo mundial, inclusive su construcción en las ciudades, en calidad de metro subterráneo, ha venido a resolver los problemas de las congestionadas ciudades del orbe.

El ser humano tiene la posibilidad de adecuar y de reinventar un futuro, como se hizo en Florencia en varias oportunidades. Si no fuera así, nadie iría a estudiar a

Florencia los comienzos del arte, la lengua Italiana, etc. De no saber reinventarse, Florencia sólo sería un lugar de visitas turísticas, pero es mucho más que eso, gracias a esta capacidad de cambiar.

Por otro lado, consideremos las declaraciones del Fondo Monetario Internacional (FMI) en cuanto a que, si los países desarrollados bajaran en un cincuenta por ciento sus barreras para la exportación de productos de países en desarrollo, estos últimos podrían pagar sus deudas.

Las reacciones contra la globalización de la izquierda y parte de la derecha, luego de la presidencia de Donald Trump, no tienen sentido. Justamente por la razones motivo de este libro. Así es, representantes de tanto izquierda como derecha ven en el comercio que trae la globalización algo negativo, la realidad es que esa reacciones se dan porque se sienten perjudicados porque justamente hay países que triunfan colocando productos y servicios competitivos en el mercado mundial. Es una reacción que debiera llevar a esas economías a buscar mejorar sus productos y servicios y no utilizar barreras arancelarias y para arancelarias para detener la competencia natural que se dan en los mercados.

Esta situación en el caso de EEUU se vio exacerbada por la retirada del acuerdo de Paris, lo cual en vez de ayudar a la industria estadounidense, podría tener efectos negativos al no tomar elementos básicos de la protección al medio ambiente en sus procesos productivos, que guiarán el futuro de muchas industrias y que por ende produciría un efecto negativo de largo plazo en la competitividad de dichas industrias. La teoría del avestruz de esconderse para no ver lo que viene, no sirve para ajustar los procesos a las nuevas circunstancias.

El mercado internacional no es el enemigo que ciertas

sociedades ven en él. Muy por el contrario, representa las oportunidades de exportación de productos y servicios a otras economías que se convertirían en socios comerciales. Este rechazo a la modernización del Estado cierra puertas para el futuro.

Muhammad Yunus nos describe como el desempleo es una plaga en el mundo actual inclusive en las sociedades desarrolladas. Nos indica en su libro 'Hacia un Mundo sin Pobreza' las ventajas del autoempleo frente a los empleos asalariados. Primero los horarios son mas flexibles, el trabajo independiente conviene mas a los desamparados que conocen la realidad de la pobreza, puede transformar un pasatiempo en una actividad remunerada, da oportunidades a quienes tiene problemas adecuándose a una jerarquía rígida, ayuda a quienes aun trabajando de asalariados siguen siendo pobres, le permite una mayor confianza en si mismo a quienes recientemente perdieron su empleo. Esta lista sigue y puede ser ratificada en los beneficios del autoempleo solo preguntándoles a quienes tenían un empleo asalariado y que ahora realizan una actividad independiente. La mayoría responderá que ahora están mejor.

Por ejemplo, tratando de ver como podemos tomar ventaja de la globalización en nuestros países, mencionaré una entrevista realizada a Susan Segal, de Chase Capital Partners, encargada de las inversiones en Latinoamérica, por la revista LatinCEO de Abril del año dos mil.

La primera vez que escuché de esta ejecutiva bancaria fue cuando leí el libro "Negociando en Tiempos Difíciles, de Hernán Sommerville, a la fecha negociador de la deuda externa chilena. Sommerville dice que Susan Segal era la representante de los otros bancos acreedores, así como del mismo Chase Mannhatan. La describía como una profesional segura de si misma, rigurosa y ejecutiva en la toma de decisiones. Agrega que tiene una gran capacidad de negociación y que no representa a la típica ejecutiva de las finanzas internacionales.

Volviendo a la entrevista, Segal responde que hay nuevas oportunidades para Latinoamérica en términos que existe capital de riesgo dados los nuevos negocios creados por la tecnología y la Internet. Dice: "la tecnología ha creado una revolución en Latinoamérica para los empresarios que estén preparados para competir en un mercado global'. Por ello es que hay más proyectos y los Investment Bankers como Segal están presentes en tal mercado.

Es decir, quizás la crítica de que todavía pertenecemos a la era mercantilista, justamente por la falta de profundización de los sistemas financieros de nuestros países, lo cual se esta mejorando y se ve reflejado en más disponibilidad de capital de riesgo, ya no se aplique más a Latinoamérica. En todo caso, es de esperar que esta disponibilidad de capital no tome un color mercantilista, y por ende, termine en las manos de los mismos de siempre.

Agrega Segal: "si uno ve la capacidad de educar vía la utilización de un sistema nacional de Internet, gratuito para los colegios, ya que cada portal de Internet se mantiene con el avisaje, el impacto es tremendo'. Internet permite la capacidad de educar en forma más completa y por medio de una vía que ayuda a los jóvenes a estar familiarizados con esa tecnología

Esto último lo veo difícil de cumplir a menos que exista un compromiso real de parte de las autoridades gubernamentales y del sector privado, pero luego veremos como se esta realizando.

Segal termina diciendo que así como en los EEUU el

capital de riesgo se fue de los proyectos de infraestructura a los de Internet y tecnológicos, en Latinoamérica ocurrirá lo contrario. El capital de riesgo ha entrado como una modalidad para los proyectos tecnológicos y de Internet, pero se ramificara hacia otros sectores no tecnológicos.

Si a Susan Segal el tiempo le da la razón, querrá decir que sí podremos tener más capital para competir a niveles de productividad y calidad global.

La primera preocupación ciudadana es la seguridad personal y de sus bienes; la segunda es el problema de la droga; la tercera...madres solteras. Claro, quizás lo que se le olvidó a Descartes es que cuando se produjera un modelo, no necesariamente tenía que ser el mejor, lamentablemente para muchos fue el único. Porque creo que las ideologías son pensamientos abstractos, pero no por eso menos peligrosos en la forma que se dirige a un pueblo.

Entonces Descartes nos explicó el método, Newton lo llevó a la practica, Adam Smith nos dijo que económicamente era mejor utilizarlo.

La pérdida de creatividad es más importante que cualquier otro indicador. Es importante puesto que para sacar soluciones propias a nuestros problemas debemos tener capacidad de reinvención, creación, cambio para poder desarrollar estructuras novedosas que nos ayuden a tener una mejor vida en nuestra región.

Un ejemplo de lo anterior fue el sistema de pensiones de capitalización personal, que introdujo el economista chileno José Piñera en calidad de Ministro del Trabajo en la época del gobierno militar en Chile. Este sistema ya ha sido copiado por once países, e inclusive el EEUU ha pensado en enmendar el camino del Social Secutity, que va hacia la quiebra, tomando algunas de las iniciativas de

CAMBIO DE VELOCIDAD DE DESARROLLO
SOCIOECONOMICO

Piñera.

Otros países han adoptado partes de este modelo revolucionario, donde la gran diferencia es que un país se desarrolla a partir de sus ahorros y no deuda publica. La tasa de ahorro interno se duplico, facilitando así el financiamiento de empresas, emprendedores y familias a través del financiamiento con tasa bajas que permiten tanto la inversión en maquinaria y nuevos negocios así como la compra de viviendas con hipotecas a largo plazo y tasas interés bajas, permitiendo el sueño de la vivienda propia a millones, muchos de ellos primera generación de propietarios en sus familia.

El sistema de Pensiones por capitalización personal, resuelve varios problemas. Primero mejora las pensiones. Segundo, sube la tasa de ahorro interno del país, con lo cual se libera a esa economía de solo depender de capitales externos. Es decir, es muy probable que un trabajador, con su ahorro mensual para su jubilación, esté ayudando a que la empresa para la cual trabaja pueda obtener financiamiento local y con ello tenga la posibilidad de dar trabajo a esta persona. Es decir, para comprender este sistema debemos verlo como una doble matriz, donde por un lado el trabajador recibe una mejor pensión y por el otro ese mismo ahorro para su jubilación le da la oportunidad de tener trabajo.

Por supuesto que los estatistas, no estarán de acuerdo con este modelo y buscaran hasta la más mínima para criticarlo y esgrimir alguna deficiencia. Solo basta con ver los resultados del modelo estatista y como sirve para que políticos y sus grupos de interés capturen rentas de los trabajadores y empresarios y financien, mayoritariamente empleo en entes publico. Sin ninguna idea si esa inversión de recursos redita algo para la población. Por ello hay países   que no cambia la distribución del ingreso luego de impuestos, porque no buscan resultados reales, sino que financiar empleo.

Laboratorio económico

El siguiente es un artículo donde explico la trascendencia para la economía moderna de los experimentos y experiencias que llevaron a los cambios y transformaciones en la economía chilena. Cómo una economía pequeña servía para transformar a otras economías. Personalmente lo experimenté cuando administraba la oficina del BID en Santiago entre los años 1991 y 1996, época en la cual recibíamos solicitudes de la mayoría de los países de la región para compartir, a través de nuestro programa de Cooperación Técnica Intra-Regional, los cambios que habían llevado a la economía chilena a ser muy exitosa.

Prácticamente no había país que no solicitara conocer este experiencia, por lo revolucionaria de la propuesta.

Laboratorio económico

Desde hace una década escucho este término respecto de la economía chilena.

Recuerdo que hace diez años se comenzó a exportar el sistema chileno como un modelo para el resto de Latinoamérica. Esto fue previsto en una primera instancia por los organismos internacionales de desarrollo e investigación que se dedican a analizar la economía de la región.

Es cierto. Chile venía con un empuje pocas veces visto en nuestra región. Demostraba que un país pequeño podía lograr un desarrollo basado en su política de apertura comercial unilateral adoptado a fines de la década de los 70. El efecto shock, como fue llamado por analistas que no estaban de acuerdo con él, tuvo grandes repercusiones. Se bajaron los aranceles, obligando a las empresas nacionales a ser competitivas frente a las del resto del mundo. Medida arriesgada y que provocó los efectos esperados. Algunas empresas se adecuaron y fueron competitivas frente a las multinacionales. Al ser competitivas en nuestro propio país se convirtieron en inmediatas exportadoras de lo que producían. Si lo podían hacer aquí, ¿por qué no podrían competir en el extranjero? De esa manera se generó el boom exportador.

Hubo que enfrentar problemas. Recuerden que era el primer país latinoamericano en hacer un cambio tan drástico de su estructura económica, por ende no contaba con referencias relevantes que pudieran decirnos si íbamos por el camino correcto o no. Por ello se asociaba tanto a nuestra economía con los recientemente galardonados Premios Nobel de Economía Friedrich Hayek (1974) y Milton Friedman (1976). No existía otra referencia real sobre lo que se estaba tratando de hacer.

Así se juntaban las bondades de un nuevo modelo y la necesidad de ponerlo en práctica a gran escala en algún país. El lazo con el nuestro fue a través de estudiantes del programa de doctorado en Economía de la Universidad de Chicago rápidamente apodados "Chicago Boys".

Friedman visitó Chile en varias ocasiones, era el país que le abría las puertas para llevar a la práctica sus teorías. Como todo cambio, aún no sabemos dimensionar las repercusiones que esto traerá. Sí se deben reconocer dos aspectos: uno que el país creció, otro que la distribución del ingreso empeoró. Esto se puede explicar por el hecho de que si uno no estaba actuando dentro del sistema libremercadista no lo comprendía y no podía acceder a mejores niveles de vida.

En Chile se hicieron realidad las teorías de Hayek primero y Friedman después, las cuales llegaban a ser extremas. Las teorías pasaron a ser leyes y con ello el contexto cambió. Hubo sacrificios tanto de los desempleados y sus familias como de empresarios que perdieron la brújula del éxito.

Lo cierto es que tanto para el empresario que no tuvo la visión de cambiar como para el desempleado fueron momentos duros. Además, era difícil conocer el sistema económico imperante, más allá de creer en la propiedad privada y la libertad. Pero no sabíamos en realidad qué rumbo se tomaba. No se acostumbraba leer temas económicos con la frecuencia de hoy. Por eso perder la brújula era muy común.

Pero en realidad, lo que vino después de 1975 en Chile fue otra cosa. La prueba empírica de que en Latinoamérica se podía instalar una política de carácter neoliberal, abierta a la inversión extranjera. Afortunadamente, las teorías ganaron terreno y gracias a un proceso muy ajustado a la eficiencia de las empresas el país comenzó a crecer.

Luego llegaron los tiempos de bonanza en los cuales se calificó a Chile como el modelo más recomendable. De esa manera organismos multilaterales, empresas multinacionales, inversionistas "institucionales" extranjeros y otras instancias pensaron: si Chile es la mejor economía en Latinoamérica, ¿por qué no lo usamos como laboratorio? Y eso justamente pasó. El inversionista institucional extranjero, la multinacional y todos los otros actores comenzaron a analizar nuevos productos o proyectos para el resto de Latinoamérica tomando la decisión basados en los resultados obtenidos en un proyecto igual en el mercado chileno. Laboratorio económico: es simple resumir así lo que ha sido la vida económica de Chile en los últimos 30 años. El péndulo llegó en su oscilación tanto hacia la izquierda como hacia la derecha. Hayek y Friedman hicieron de Chile un laboratorio económico neoliberal y sus alumnos llevaron a la realidad el sueño de ver una teoría hecha práctica.

Hoy luego del Brexit y las elecciones en EEUU vemos que los países en desarrollo han ganado una mayor participación del comercio y han traído a sus economías mejores empleos, logrando sacar a un porcentaje de su población de la pobreza gracias a elementos compartidos de este modelo.

Pero como todo, aquellos que no resultaron beneficiados por estos cambios , los han atacado. Y vemos que para la izquierda mundial, lo que hizo Chile es imperdonable y no van a claudicar hasta destruirlo.

También sucede que no todos comprenden las virtudes del modelo. Algo curioso es que este modelo ha sido más tiempo administrado por sus detractores que adeptos. Así es.

El modelo se implementó desde la mitad de la década de los años setenta, y fue administrado por sus adeptos hasta mil novecientos noventa. Luego mayoritariamente ha sido conducido por políticos y técnicos de centro izquierda, alcanzando sus mejores niveles. Justamente esto pasó a ser un problema para nuestro programa de cooperación, que consideraba la participación de técnicos gubernamentales que ejecutaban estos exitosos programas. Pero como ahora ya no eran los creadores del modelo quienes lo compartían con otros gobiernos , sino que sus detractores que eran parte de gobiernos que justamente habían resultado elegidos por ser detractores del modelo y sus políticas publicas.

El mérito fue que lograron darse cuenta de los beneficios del modelo, lo mantuvieron y todos se vieron beneficiados.

Pero esa etapa de 30 años finalizó, porque los ajustes que se hicieron al modelo, en vez de profundizarlo, mejorarlo, regularlo, lo debilitaron. Si evaluamos las modificaciones en detalle,   la mayoría terminaron perjudicando a la población, y la productividad. El crecimiento, motor del éxito del modelo, bajó de velocidad de un siete porciento anual de crecimiento del PIB en los años noventa ha un magro un punto porcentual actualmente o menos.

El péndulo se quiere mover a la izquierda nuevamente, sin ningún merito que permita razonablemente considerar la alternativa.

Los adeptos y beneficiarios del modelo también comparten responsabilidades. Un   mercantilismo exacerbado, tipo ley de la selva, dominó varios sectores. La débil representación de los consumidores también perjudicó el modelo porque no puso limites razonables, dejó que el
" laisser faire"   dominara.   La auto regulación prácticamente inexistente hizo que se pasara al abuso y con ello las criticas de los detractores se hicieron reales.

Las soluciones que se promueven son peor que la enfermedad. Pero eso no importa, porque con slogans como "hay que sacarles los patines"…a quienes resultaron beneficiado del modelo, objetivo tan imposible como estúpido en su esencia. En vez de concentrarnos en subir a todos, hay que bajar a los están arriba., en nombre de la igualdad, por favor un solo sin sentido

Usted se pregunta ¿y donde estaban los lideres, y políticas? Probablemente estaban enceguecidos por el dinero producto de la aplicación del modelo y como no lo entienden, tomaron las peores decisiones.

Un tema que es muy importante también, es el de la flexibilidad laboral. Al respecto, pienso que mientras más flexibilidad, mayor oportunidad de empleo, ya que como para el empresario no es problemático el contratar a una nueva persona porque la puede despedir cuando no la necesite, sin tener grandes trabas de carácter legal o económico con el trabajador, lo emplea. En una economía con un mercado laboral poco flexible, sucede lo contrario. Es decir, le cuesta mucho a la persona encontrar empleo, ya que como el empresario asume altos costos en el caso de despedirlo, el empleador lo analiza mucho antes de contratar un nuevo operario.

Los dos sistemas tratan de lograr el empleo total, o sea que todos estén empleados. La diferencia es que en el caso de los mercados laborales flexibles se dan constantemente oportunidades de empleo, mientras que en el mercado laboral poco flexible no se dan oportunidades de empleo en forma frecuente. Es por ello que los empleados se han asegurado de tener trabas para evitar el despido, convirtiéndose en un círculo vicioso. Es decir, más trabas, menos empleo.

De los dos modelos, prefiero el primero, debido a que

las nuevas circunstancias de la globalización exigen un mercado laboral flexible, y así hacer de esta característica un plus para atraer inversión extranjera, hacer más competitivos los productos de ese país, etc.

Entonces, la situación ideal es la de un mercado laboral flexible y una buena distribución del ingreso. Ya que la primera asegura empleo, y la otra, que ese empleo será bien recompensado.

El déficit es malo porque, haciendo una analogía con nuestras vidas, es como cuando se saca un préstamo porque no se puede pagar el bien que se está adquiriendo en efectivo. Luego, con el mismo sueldo de antes, tiene ahora que pagar una cuota fija de ese préstamo. Por ende, su capacidad adquisitiva va bajando en forma constante ya que la cuota mensual le resta parte de su sueldo. La única excepción, es el utilizar el mercado financiero para comprar bienes de inversión. Es decir, una casa o algo de valor que al final de pagarlo se va haber capitalizado, eso es positivo. Al capitalizar en el ámbito personal, nuestro patrimonio crece, tenemos más.

Pero si utilizamos el préstamo para consumo, es decir, un vestido, salidas a restaurantes, etc. eso no se convertirá en patrimonio o más capital personal, sino en simple deuda, que se deberá seguir pagando.

En los gobiernos es igual. Si el déficit está dado por la mala administración o cualquier otro motivo de carácter gerencial, quiere decir que el dinero que el Estado invierta en dicha empresa estatal, no resolverá los problemas de fondo que crean este síntoma de la enfermedad, y por ende se convertirá en un déficit crónico.

Al final nosotros estamos subvencionando el empleo de ese trabajador. El trabajador no tiene culpa alguna. Al fin y al cabo fueron altos oficiales de la burocracia los que eligieron este modelo económico. El trabajador puede ser muy eficiente pero no podrá resolver los problemas de la empresa puesto que estos son de carácter estructural.

El Estado no debiera inmiscuirse en las áreas de producción. El total de la actividad empresarial debe ser realizada por los privados y sus capitales. De esta manera el estado se preocupa de que sus ciudadanos reciban buenos servicios por parte de los actores de mercado a través de la regulación que ayude a la competencia y las buenas prácticas y de prestar servicios civiles adecuados a la población.

5 LOS DOS BERLIN: MUNDOS QUE SE ACERCAN

Berlín.

Llegamos a la estación Zoo Station en la capital alemana. El viaje había sido muy placentero en un tren de alta velocidad. Este viaje lo realicé en mil novecientos noventa y dos cuando aún no habían cambiado las líneas ferroviarias a Berlín y tardé el doble de tiempo. Increíble el salto tecnológico y económico que ha dado la ex DDR.

Ahora toda la ciudad esta siendo reconstruida y muchas firmas especializadas en alta tecnología, como la que vengo a visitar, se han mudado acá, aprovechando que los costos son más bajos y hay gente muy preparada, aunque no todo ha sido bueno, por el mismo factor de que no se utiliza una medición de la realización personal y menos aún de la distribución del ingreso.

La diferencia es que los alemanes del Este pasaron de ser comunistas y tercermundistas a ser capitalistas y del mundo desarrollado. Un cambio demasiado brusco cuando se ha sido víctima del comunismo estalinista.

Estoy en la Europa Central, donde ha ocurrido de todo: guerras que han durado muchos años, invasiones, cambios fronterizos, etc. Por otro lado, un centro cultural, que dejaba llegar su influencia hasta Moscú.

Además estoy en Berlín, muestra fidedigna de lo que ha ocurrido en los últimos sesenta años.

El historiador Eric Hobsbawm nos comenta que las repercusiones de la revolución de octubre fueron más profundas y generales que las de la revolución francesa. Según nos explica Hobsbawn los postulados de igualdad de la revolución francesa aún se escuchan pero en términos de valores. En cambio, cuarenta años después de la Revolución de Octubre, un tercio del planeta estaba bajo las manos del comunismo.

Al haber caído el muro de Berlín, y con esto el sistema comunista, podríamos convenir en que el comunismo como fuerza política es algo del siglo veinte. Tanto en el siglo diecinueve como lo que se ve hacia el futuro, no se contemplan gobiernos comunistas. Por tanto, estos son algo solo del siglo veinte. Salvo excepciones que confirman la regla general.

Además hay algo claro y es que las personas de principio de siglo también estaban asombradas por los cambios y la velocidad de estos. Mirado desde esta perspectiva histórica, quizás nuestros miedos no tienen más fundamento en lo nuevo y en la velocidad con que se constituyen estos cambios en realidad.

Recordemos que los miedos del año novecientos

noventa y nueve como los del año mil novecientos noventa y nueva eran parecidos, y obedecían a un cambio de milenio. (Duby, G., 1995)

El escritor Dave Rimmer en su libro 'Once upon the time in the East' nos da a conocer un diario de su vida como residente en Berlín Occidental. Como ciudadano de una de las cuatro potencias que administraban Berlín, Rimmer consiguió ubicarse en Berlín, una ciudad con mucha tensión y con el gran peso del detente, es decir, la guerra fría. La ciudad vivía al ritmo de su propia separación.

Rimmer convirtió en hábito el cruzar a Berlín Oriental y contactarse con jóvenes 'del otro lado' e hizo amistad con muchos de ellos.

En los años setenta, artistas como David Bowie vivieron en la ciudad que el Oeste consideraba su mayor preciado estandarte en plena tierra comunista. El famoso esfuerzo de llevar víveres y todo lo necesario para que la ciudad pudiera sobrevivir, conocido en inglés como el "air lift", había probado que los antiguos aliados iban a atrincherarse, por casi medio siglo en la guerra fría.

Mientras todo esto ocurría, Rimmer cruzaba por el metro de la ciudad, construido antes de la separación, y por ende medio de transporte internacional, ya que se utilizaba para ir de un lado al otro. Tenía amistades y panoramas de ambos lados. El libro cae en las cosas más simples y que se convertían en verdaderos traumas psicológicos. Como por ejemplo, el drama de un amigo de Rimmer, quien sabía que nunca iba a poder tocar

Rock en el Oeste, no importaba cuantas veces pidiera la visa de salida, que ya hubiera pagado los cinco años de humillación por la que pasaban quienes pedían autorización para salir del país, etc.

El drama no era ir a tocar rock, sino que la imposibilidad de aun considerar el poder hacer aquello o cualquier otro acto, por simple que fuera, pero que necesitara trasladarse hacia el Oeste.

Una de las entradas a la DDR era por una estación del U-Bahn. Irónicamente accesible para los ciudadanos del Este, que era un puesto de inmigración que se encontraba en una de la estaciones del metro de la ciudad divida. Irónicamente accesible, ya que muy pocos de ellos podían cruzar a la libertad por esa vía.

La historia de Rimmer termina cuando él, junto a tres amigos radicales de Berlín Oeste, decide realizar un viaje por los países del antiguo pacto de Varsovia. Con mucha comida, automóviles, y con placas occidentales, comienza un viaje que los llevaría a estar en Rumanía el día que cayo Caesescu, enterarse vía la televisión estatal de alguno de estos países y de cómo se desmoronaba el pacto de Varsovia y que finalmente, su Berlín se reunificaba. Esto último fue siempre el sueño de los Berlineses y el no estar ahí le hizo por un momento lamentar el viaje a Rimmer. Creo que la cronología de este viaje es más importante que algo que todos vimos en vivo por CNN: la caída del muro en Berlín y el cruce de los alemanes orientales al lado occidental.

Es decir, el momento más impactante quedó

registrado como el día de la caída del Muro, pero el estar presente cuando fueron cayendo distintos regímenes de las mismas políticas, creo termina siendo más importante.

El lado del mundo ex comunista también tiene sus problemas ahora por haber dejado un sistema tan distinto respecto al capitalista, que les exige más preparación y que no es paternalista.

Mientras espero en la a estación de metro Zoo station de Berlín, entablo conversación con otra persona que espera en la estación. Le digo-"¿habla inglés?"- Ella me responde afirmativamente, entonces le pregunto si es de aquí. Me dice que sí, que toda su vida ha vivido en Berlín, pero que antes estaba en Berlín Oriental.   Le pregunto cuáles son las mayores diferencias.

Me responde que es difícil decir, y lo primero que dice es que ahora hay mas libertad, y más productos para comprar, pero ella no cree que la vida en lo real sea tan distinta.

Fuera de la Stazi, obviamente, y de ese estalinismo que repito causó tanto daño, y que los líderes de la DDR adoptaron como su Biblia, no hay tanta diferencia salvo...la abundancia para el que tiene dinero en el bolsillo.

-"Pero claro,"- dijo, -"hay que reconocer que el capitalismo te da oportunidades y posibilidades por sobre las que te da el comunismo."

Luego me dijo que todos en su familia, en los tiempos de la ex DDR, tenían una costumbre. Siempre llevaban consigo una bolsa vacía, en caso de que pasaran por el medio de la ciudad y vieran una fila lo que significaba que había algún producto para comprar. De esa manera podían adquirirlo. Le digo que lo he visto en otros lugares.

En todo caso, Berlín fue siempre lo mismo, el cruce entre este y oeste. Esta ciudad representa mucho y está aún muy cargada de pasiones de distinta índole que reflejan el hecho de que eran dos mundos completamente diferentes y estaban separados por un muro.

6 BRANDENBURG:
DE VUELTA AL PASADO

Eric Hobsbawm define el siglo corto desde mil novecientos catorce hasta mil novecientos noventa y uno. Coincide justamente con el comienzo de los problemas armamentistas de la primera guerra mundial y finaliza con la caída del sistema comunista.

La peor guerra en términos de victimas fatales fue la segunda guerra mundial ya que en esta se bombardearon las ciudades causando victimas civiles.

Aun cuando la cantidad de victimas fue mucho menor en la primera guerra mundial, ésta había sido hasta esa fecha la peor, y por eso la actitud de las democracias occidentales de evitar una guerra, a cualquier costo, incluso negociando con Hitler.

De hecho Brandenbug era asiento de unos de los ejércitos elite del fascismo Alemán, protegiendo e iniciando avances contra posiciones cercanas. Durante un período de cuatro años esta zona no vio las calamidades que la guerra estaba dejando en todos los países vecinos, comenzando por Polonia.

Luego del desastre se trato de ayudar tanto a

Alemania como a otras naciones a salir de la gran crisis que esta guerra había provocado. Así más de veinte millones de personas quedaron sin hogar ni nacionalidad y la mitad tuvo que ser obligada a migrar a zonas donde podrían vivir.

Desde mil novecientos cuarenta y cinco a mil novecientos noventa viene la etapa de la revolución social. La caída, debido a su debilitamiento por la guerra, del Imperio Ingles, trajo movimientos independentistas que terminaron en nuevas naciones las cuales fueron adoptando modelos de desarrollo en relación directa a sus contactos con las grandes potencias. Así podemos ver que muchas de estas nuevas repúblicas cayeron en el comunismo debido a la ayuda que la Unión Soviética les prestaba en los difíciles años de independencia.

La edad media se terminó en forma abrupta en la mitad de este siglo. Millones de seres humanos se abrieron a la modernidad, así como lo estamos haciendo ahora.

El nivel de trabajadores en el campo se redujo a la mitad o a un tercio en un período de treinta o cuarenta años. La movilización hacia las ciudades se hizo imprescindible. Lo más dramático es que esta migración a la ciudad encontró a la mayor parte del mundo sin ciudades para poder recibirlos y sin un desarrollo que diera un mínimo de seguridad laboral y social a estas personas que comenzaron sus vidas en el campo y terminaron en la urbe. Por ello es que las ciudades modernas están cercadas por un cinturón de poblaciones pobres. Hogar para muchos de los que emigraron del campo a la ciudad.

En la mayoría de los países esta población ha disminuido y se ha tecnificado la labor del campo. Países como Alemania tiene a los campesinos mas preparados y mejor pagados de Europa.

La unificación había ocurrido recientemente, aún estaba ahí como recordándonos de la guerra fría...la cual, según creen algunos aquí, sigue pasando y no se puede confiar en el Este.

Me voy de Brandenburg, tomo el tren de las 9:18 p.m., viajaré a través de Bélgica y el País de Caláis, una zona del norte de Francia, cercana a Bretaña, donde la gente que habla el léxico local, dice que se pueden dar a entender perfectamente en Londres.

Bueno, en dirección a la estación de trenes, tuvimos que caminar por unas calles muy oscuras, que le dan a uno la sensación de ser peligrosas.

Las cuadras, llenas del pasado tan deprimente y poco amigable del antiguo este europeo, te enseñan que algunas utopías simplemente no trabajan.

Hay que reconocer que en forma sostenida el capitalismo y no el comunismo, ha sido, de una u otra manera, la fuerza del desarrollo.

Achtung...Acghtung zug nacht Hannover...Paris, Gare du Nord. Ist hier!

Ahí viene el tren.

Llego a mi compartimiento que tiene, como la mayoría de los trenes antiguos en Europa, tres asientos por lado.

Este viejo tren me recuerda historias del pasado Alemán.   Entre mil ochocientos treinta y mil novecientos diez fueron los años del cólera en el puerto de Hamburgo. Diez mil personas perecieron debido a uno de los ataques de cólera en la ciudad.

Hoy pasa algo parecido con la clase política. Pocos les ha importado el individuo para armar sus artimañas completamente regresivas y extractivas.

Es en ese clima que la mayoría de las emigraciones se producen y es por ello que el inmigrante esta dispuesto a todo con el objeto de salir adelante.

Paris. Gare du Nord. Después de la entrada a Francia nos quedamos dormidos.

Despertamos, gracias al anuncio, casi al llegar a la estación norte de Paris.   Inmediatamente me preparo y salgo del tren.

7 DESARROLLO

Saint Louis, Missouri.

Creo necesario, antes de comenzar los relatos de este capítulo, reconocer que hay temas que separan a los Estados Unidos de Europa, específicamente. Primero que nada, ambos sufren de desempleo, pero en forma y tasas distintas. En Europa se crearon desempleos crónicos. El desempleo crónico que se ve en Italia, Francia, etc. se debe en gran medida a las presiones de carácter social que le exigen a cada estado proveer servicios, sin contar con los recursos necesarios. Por ende se desequilibra la economía y se crea un desempleo crónico. Lo paradójico es que, mientras más desempleo existe, más servicios de este tipo debe proveer el estado. Así se crea un círculo vicioso.

Es decir, se crean agencias estatales encargadas de proveer ciertos servicios en educación, salud, etc. En los EEUU es distinto pues se involucra al sector privado para que, con una mejor administración, se pueda proveer servicios a la comunidad, centrados en la demanda.

Es decir, ya no existe el gran edificio sino que una oficina que entrega vouchers para recibir cualquier ayuda del estado. Por ejemplo, las estampillas de comida que reciben los desempleados en los EEUU son utilizadas en supermercados.

Además de lo anterior, los servicios que se ofrecen a los individuos vienen muchas veces de ONGs privadas y no necesariamente del Estado.

Desde los años ochenta con la nueva administración de Reagan, se produjo una larga expansión en la economía norteamericana, de nuevo, debido a la gran apertura de mercados internacionales y a la mayor capacidad de sus productos para competir.

Con la economía andando muy bien, los servicios al desempleado han bajado, gracias a que el mercado ha utilizado toda la capacidad disponible. Cuando ésta ya no se expande más, suben los salarios. Por esto último un gobernante demócrata como Clinton no tuvo problemas en firmar la ley que cambia el seguro social de los EEUU. Ahora el sistema es más estricto y se trata, más que en el pasado, de que el individuo encuentre un lugar de trabajo. Si no lo hace tiene que demostrar que por los menos ha intentado trabajar en distintos lugares.

No hubo mucha protesta a este cambio dadas las favorables condiciones económicas. En Chile sucedió algo parecido con el boom económico que duro prácticamente diez años. Los sueldos crecieron en un ocho por ciento real anual en promedio, es decir, después de la inflación. Los salarios subían porque se necesitaba más mano de obra de la que había disponible.

Por eso que en nuestros países, el mejor seguro social es una economía con trabajos y que crezca para ofrecer más oportunidades a nuestros trabajadores.

William Greider en su libro 'How the Federal Reserve Runs the Country' comenta un incidente que sucedió en las postrimerías del gobierno de Carter, cuando había una alta inflación. Carter, con sus políticas, no podía encontrar remedio al problema inflacionario. Un asesor se acercó y le comentó, -"señor, usted no lidera a esta nación, sólo administra el gobierno".

Desde la caída de Nixon se sabía de la perdida de credibilidad de los gobiernos de los Estados Unidos, la misma que le hizo ganar a Carter, lo alcanzó y lo derrocó.

Los políticos de nuestros países, salvo algunas excepciones, no consideran una agenda realista para el cambio. Ahora, los lideres políticos no solo están para representar los temores de sus electores, sino también para asumir una actitud de liderazgo y lograr consolidar los cambios que se deben hacer.

Fui invitado para visitar un centro en el estado de Missouri, específicamente del Centre For Emerging Technologies, una Incubadora dedicada a las empresas tecnológicas. Mi interés era conocer la estructura de un centro de incubación en dicho país.

Los Centros de Incubación Empresarial comenzaron como un esfuerzo privado en los EEUU. Firmas de Inversiones en los años noventa colocaron a disposición de brillantes profesionales jóvenes la oportunidad de tener su propio negocio, pero compartido con la empresa, era un tipo de sociedad. El Centro de Incubación les presta financiamiento, oficinas, capital, laboratorios etc. para que una determinada microempresa desarrolle un producto que cuando se logre vender traerá beneficios económicos. Estos serán compartidos según lo dictado en el contrato que se establece para tener esta relación comercial. Es importante que entender que la facturación la llevará la empresa de Inversiones. La internacional Progress que ofrece herramientas para el desarrollo de software tiene un proyecto llamado 'Socios Aplicadores' (Application Partners) por medio del cual microempresarios de la tecnología utilizan esas herramientas para desarrollar software y venderlo. El programa incluye el regalo de las herramientas a distintas universidades para que los alumnos de computación aprendan a usar esas herramientas.

Como política de desarrollo del Centro de Incubación Empresarial se deberá tener una oficina de administración del mismo la cual estará encargada de llevar las actividades administrativas del centro como también de ver nuevas posibilidades de traer empresas al Centro con el objeto de incrementar la rentabilidad del Centro de Incubación Empresarial.

8 NUESTROS CASOS

Guatemala.

En el mes de Septiembre del año dos mil fui invitado a participar en un curso organizado por Alide sobre nuevas tecnologías micro creditícias y luego aproveché para ver la realidad de las microempresas en Guatemala.

Las microempresas constituyen alrededor de un ochenta por ciento del empleo total. Es decir, entre todas las empresas pequeñas de Latinoamérica se emplea el ochenta por ciento de los trabajadores. Aquí sí que no existe concentración del capital sino que verdaderos deseos de empleo.

Nuevamente se hacen presentes oportunidades traídas por los propios cambios. La comunidad del proyecto auto sostenible que visité, me ha dado nuevas esperanzas respecto a lo que podemos hacer. La Agencia de Cooperación Española me invitó a esta reunión en Guatemala. El curso en sí lo organizó la Asociación Latinoamericana de Instituciones Financieras de Desarrollo Económico (Alide) con sede en Lima, Perú.

Recuerdo que había estado en Guatemala en el año mil novecientos noventa y cuatro; ahora ha cambiado mucho. La seguridad que se vive hoy era impensable en esos días. Antigua, es cada día una ciudad más linda y es un creciente centro de atracción de turistas. Antigua fue declarada monumento de la humanidad por las Naciones Unidas. Su construcción de comienzos de la época colonialista y el hecho de que en esta ciudad se haya abierto la primera universidad en el nuevo mundo, dice mucho de los primeros europeos en esta tierra.

Me llamó la atención cómo la gente se siente completamente identificada con Popol Vuh, el libro ancestral que habla de los indios Quiché, quienes aún pueblan el noroeste del país. Los Quiché es uno de los pueblos Maya que pueblan Guatemala.

La visión que da este libro, es completamente distinta a la realidad por nosotros conocida. Habla de días pasados cuando entre la paz y tranquilidad de estos pueblos indígenas se desarrollaba la vida.

Guatemala ha aprovechado en forma muy inteligente sus grandes atractivos turísticos y se está transformando en la mayor industria del país. Sus ruinas son investigadas por arqueólogos de universidades norteamericanas, europeas, e incluso chilenas y mexicanas, que quieren sacar la verdad de nuestro pasado en estas ruinas.

La inversión que se ha hecho en carreteras, seguridad, hoteles, etc. es enorme y se ve en todas partes del país un tono de buena actitud al futuro. Se nota una buena disposición para con el otro, situación completamente inimaginable hace sólo diez años.

La cooperación española ha hecho mucho por este país. Le ha dado la posibilidad de mejorar sus instituciones y a través de su centro de capacitación de

Antigua, ya ha dado cursos de distinto tipo a más de dieciocho mil funcionarios de la región.

El entrenamiento que entrega este centro va desde gestión municipal a financiamiento de microempresas, es decir, cubre gran parte del espectro de nuestras necesidades.

Visita a un Proyecto Ecológico Auto Sostenible:
El caso practico que menciono es el de una comunidad de Artesanos que viven y trabajan en el Proyecto Ecológico Auto sostenible en las riberas del lago Itzá Petén, en Flores Guatemala. El proyecto lo constituyen siete artesanos, jefes de familia que utilizan un mismo torno para madera y otros instrumentos de ebanistería. La sala de venta de las artesanías toma lugar en el mismo taller.

En promedio cada artesano utiliza un solo árbol para todas las artesanías producidas en un año y gana un treinta por ciento más que realizando cualquier otra labor para la cual esta preparado. La política de ventas es la siguiente: cada artesano le da precios a sus propios productos. Todos pagan un porcentaje de sus ventas para mantener el taller y la sala de ventas. Todo esto lo han hecho estos trabajadores sin ayuda externa de ningún tipo.

Esto me lleva a tocar tres temas que pienso son de alta importancia en el éxito de este proyecto: Primero los factores internos. Es obvio que este grupo de artesanos de la ribera del lago Itzá Petén ha logrado de alguna forma crear un sistema para trabajar en conjunto el cual les trae dividendos. Segundo, los factores exógenos. Sin desmerecer lo que los artesanos han logrado, hay que recalcar que nada de esto sería posible sin una serie de factores que ayudan al proyecto. Y finalmente, el hecho de que estar ubicados en las riberas del lago Itzá Petén, en el camino que lleva a los turistas y otros a la zona de Tikal, les ha permitido exponer sus productos y que estos sean demandados por el mercado. Por otro lado viven en una zona protegida, en la cual sólo se permite la tala de árboles con fines artesanales realizado por miembros de la comunidad local.

Para el impulso emprendedor es bueno contar con una política que ayude al emprendedor; sin embargo, y como quedó demostrado en este caso, el impulso emprendedor se da sin la ayuda de expertos en MYPES u otros.

El impulso emprendedor es ese evento que ocurre cuando se materializa una idea de carácter económico en algún tipo de proyecto o negocio. De hecho pienso que, como otros lo han señalado, el haber tomado alguna acción de ayuda a este grupo de artesano antes del momento de la manifestación del espíritu emprendedor, habría sido perjudicial para el proyecto.

Por último, esto nos lleva a considerar otro factor que es la eficiencia de la ayuda al MYPE, basándose en si esta ayuda fue hecha en el momento correcto. Es decir, existe un espectro de tiempo dentro del cual se puede ayudar a las MYPES, pero no hay que adelantarse ni atrasarse en el momento que damos esta ayuda. Definitivamente la ayuda no puede comenzar antes de la manifestación del impulso emprendedor.

Luego, en las distintas etapas que la PYME vaya necesitando ayuda, esta ayuda se le proveerá en el momento adecuado y tomando en consideración el nivel de madures del proyecto.

Para finalizar, creo que es muy posible que este proyecto de artesanos no se hubiera dado en forma tan exitosa de haber ellos recibido alguna ayuda externa. Por otro lado, para poder convertir esta experiencia en una metodología a utilizar para MYPES de estas características, se necesitará de ayuda externa, básicamente porque los factores exógenos que en este caso se dan en forma tan fácil para este proyecto, no necesariamente será de la misma forma para otros proyectos. Además, quizás estos mismos artesanos algún día necesitarán de la ayuda para poder manejar su proyecto a una escala mayor que la actual.

Basado en esta experiencia y considerando lo importante que son las pequeñas y medianas empresas, (PYMES), para las economías en desarrollo es que debemos pensar de qué forma se pueden integrar los PYMES a este mercado, ya sea proveyendo servicios a empresas de mayor envergadura o realizando ellos mismos directamente la gestión con los mercados externos.

El Programa Bolívar organizó un foro sobre la empresa Latinoamericana. Dicho foro trató el tema de las PYMES en la globalización (acceso a mercados, alianzas, consorcios, cooperación, y capacitación). En dicho foro, Luis Carlos Barboza, Jefe del Departamento PYMES del CNI de Brasil, expuso que las PYMES ejercen un rol fundamental dentro del proceso de globalización puesto que representan a la gran mayoría de las empresas. Recordemos que las PYMES en forma agregada dan trabajo a un ochenta por ciento de la población.

En el mismo foro, se habló de la necesidad de profundizar el proceso de transformación de la economía informal a la formal. Ese paso requiere de dos factores determinantes: la intermediación financiera y la educación o entrenamiento de la fuerza laboral.

Mario Vaccino, Director de Desarrollo de SELA (Sector Económico Latinoamericano), caracterizó la globalización como un fenómeno que domina todo el proceso de fin de siglo y que es percibido desde tantos ángulos como disciplinas científicas existen. Cuáles son las alternativas para SELA. Muy pocas, en las palabras de Vaccino, ya que el proceso es irreversible y por ello es necesario que toda la sociedades Latinoamericanas jueguen un papel en darle forma a esta globalización.

Finalmente, el foro termina con unas conclusiones que son las siguientes:

1. La globalización debe verse como proceso histórico, complejo y dimensional.
2. Los rasgos positivos son las nuevas oportunidades de negocio que ofrecen.
3. Los rasgos negativos son el crecimiento económico con desempleo y pobreza.

Inés Mercedes Carazo colega en el Foro Virtual sobre Micro Empresas parte del proyecto de la Organización Mundial del Trabajo (OIT) SI-PROMICRO, que administra la Fundación Galileo en San José, Costa Rica, nos dice lo importante que es crear centros de innovación y transferencia tecnológica (CITEs) "...que ofrezcan servicios especializados, como diseño, patronaje, ensayos de calidad e información de tendencias y de equipos que sean accesibles a las PYMES. Los CITEs son una iniciativa pública pero están enfocados en la demanda y en la eficiencia del mercado..."

José Ramírez, colega del Foro Virtual sobre Micro Empresas parte del proyecto de la Organización Mundial del Trabajo (OIT) SI-PROMICRO, nos comenta que la realidad de la globalización es un reto para nuestros países .

Ramírez nos indica que los mercados ahora son de carácter internacional y las microempresas deben participar en el esfuerzo para conquistar mercados externos y beneficiarse de esta situación. Nuestras empresas pueden competir a nivel mundial, dada la reducción de diferencias tecnológicas por medio de CITEs, como nos decía Inés Carazo, centros de innovación, de tecnologías de información y las incubadoras empresariales para hacer de la Competitividad una realidad para las empresas.

Ramírez dice que la sub- contratación productiva o de servicios enmarcadas dentro de relaciones productivas de cadenas de valor son experiencias que cuentan con buenos resultados. Lamentablemente son la minoría las empresas que disfrutan de esta situación, por ello, nos termina por decir Ramírez, debemos multiplicar estos efectos con el apoyo privado y estatal para que las empresas exportadoras   se beneficien al lograr mayor competitividad global.

Por otro lado la Internet con los centros de información o infocentros, nos da la oportunidad de poder hacer algo por sobre los obstáculos que va poniendo el desarrollo.

Una muestra de estas oportunidades es la utilización de centros de información o Infocentros.

El artículo menciona a María Paz Silva de la Universidad de México quien lleva varios proyectos de esta índole. Cuenta como en la selva guatemalteca, mujeres de origen indígena acuden a los infocentros para utilizar la Internet y crear su propia pagina web para vender sus artesanías.

De acuerdo al profesor de la Universidad de Texas Joseph Staubber existen dos brechas en el mundo digital. Una que representa el acceso y otra es la desvinculación que ciertos individuos sienten por la Internet, perdiendo oportunidades de carácter socio-económico día a día.

9 DESARROLLO DE MERCADOS INCLUSIVOS

¿Qué es el desarrollo de mercado?

El desarrollo de mercado es un enfoque para la solución de problemas que afectan a un grupo de la población mediante la comprensión de los mercados que utilizan para adquirir bienes y servicios. La idea central es ayudar a que los actores del mercado local encuentren formas de intercambio sostenible y asequible de productos y servicios.

Sistemas de mercado:
Los mercados son los acuerdos sistémicos a través de los cuales los compradores y vendedores intercambian bienes y servicios y son el principio organizador central de las economías exitosas. Un sistema de mercado es el quién y el cómo: quiénes son los participantes que hacen que un bien esté disponible e influyen en este proceso, y cómo lo adquiere un individuo.

La cadena de mercado (o los actores directos del mercado). Esto es lo primero que viene a la mente cuando se describe un mercado: los productores, compradores y consumidores. Estas son las personas e instituciones que proveen, y los individuos que demandan productos y servicios.

El ambiente de negocios. Estas son reglas que rigen el sistema de mercado. Las políticas que los gobiernos implementan son parte del entorno adecuado. Los factores culturales también influyen en esto, como las preferencias que tienen las personas.

En mi experiencia en desarrollo de mercados inclusivos en distintos sectores y países, cuando un mercado es deficiente se puede deber a muchas razones. Profesionalmente lo que yo he hecho para mejorar como se comportan los mercados, primero hago un análisis de políticas públicas y sistemas de mercado, la idea aquí es encontrar brechas en las cadenas de valor, para luego encontrar formas de llenarlas, para que dicho mercado sea un mercado más eficiente. Estos esfuerzos reconocen la naturaleza sistémica de los mercados y en esa base ofrece sus soluciones.

Lo que no se hace es que un gobierno, local o nacional, reemplace al estado y pase a ser un Estado productor. Tampoco sirve que se subsidie con filantropía, porque no podrá escalar, debido a que esas condiciones no se repiten en todo el mercado. Nunca un mercado ha mejorado por su reemplazo con un actor del Estado o filantrópico.

Esto se debe a que ninguna planificación central logrará mejorar los resultados del mercado. Esto es porqué el mercado refleja la realidad de las personas como es y no como queremos que sea. El mercado refleja de mejor forma la realidad de la vida y no los resultados esperados de la planificación social, que nunca se cumplen, justamente porque son estáticos.

Lo anterior no quiere decir que no se pueda mejorar

los mercados. Yo lo hice con distintas instituciones, países y sectores. Primero veamos los pasos a realizar para entender mejor un sistema de mercado y poder identificar brechas que afectan a ese mercado.

Proceso:

El proceso para una análisis de un sistema de mercado es el siguiente:

1. Identifica un sistema de mercado: un sistema de mercado describe un conjunto de actores, relaciones, funciones y temas, que en conjunto forman un subsector de productos.
2. Realiza un análisis de cadenas de valor: el análisis de la cadena de valor es el proceso de análisis de las actividades realizadas por una empresa para ofrecer un producto o servicio de valor a los clientes
3. Realiza un análisis de Cadena de valor desde la perspectiva del cliente: en el que a raíz de las actividades de una empresa se crea una serie de relaciones o eslabones que tienen como objetivo aportar el mayor valor posible para el cliente.
4. Identifica las brechas en dicha cadena de valor para el cliente: La brecha de experiencia del cliente es esencialmente la brecha entre lo que los clientes quieren y lo que las organizaciones como tal les dan. En otras palabras, es el resultado de que tu marca no cumpla las expectativas en ningún punto en el viaje del cliente

5. Desarrolla un producto o servicio que llene
    esta brecha a partir de la participación de
    agentes de mercado, en una forma sistémica y
    sin subsidios o distorsiones.

Ahora les comentaré las experiencias que tuve en
Desarrollo de Mercados.

La primera es una experiencia con el Banco
Interamericano de Desarrollo y otros actores en el
sector de las micro finanzas. Donde desarrollamos
diversas tecnologías y capacidades para poder llegar a
un creciente numero de individuos, que previo a este
esfuerzo no eran atendidos. Los mercados son el
lugar ideal para este tipo de intervención, ya que son
algo que todos los humanos utilizamos, al comprar el
pan, o la fruta, servicios, todo tipo de bienes y
servicios de primera o segunda necesidad, todo eso
está en el mercado, entonces es el lugar natural donde
tratar de mejorar el acceso y su costo.

Nos centramos en el acceso y costo, porque la
mayoría de mercados no atendidos, donde no hay
agentes de mercados, con bienes y servicios que se
ajusten a las necesidades de ese segmento de mercado,
tiene que ver con el acceso y el costo.

En el caso que menciono de micro finanzas con
ALIDE desarrollamos tecnologías para cubrir un
mercado rural, que no era atendido. Se capacitó a
lideres para utilizar esta tecnología que facilitaban el
servicio que un representante zonal de una institución
micro financiera prestaba. Las instituciones micro

financieras también debieron ajustar sus procesos, para facilitar el acceso. El bien social en este tipo de iniciativas es justamente el atender un mercado que antes no tenia acceso a una tasa de interés competitiva, con seguridad legal de una institución formal, que se rige con estándares de excelencia. Los individuos que no tienen acceso pagan tasas mas altas, o su zona geográfica no esta dentro del radio de atención.

Las micro finanzas deben estar entre las tres principales innovaciones que han ayudado a la humanidad en los últimos 50 años. Las micro finanzas aportan un elemento de flexibilidad a una serie de mercados. Con el BID brindé cooperación técnica y financiamiento a instituciones micro financieras que estaban atendiendo algún mercado y así llevar a poblaciones enteras a la modernidad. En el caso del mercado de viviendas asequibles, también ha traído nuevas formas de resolver ese problema.

Tener acceso a tasas de interés más bajas es una forma de verlo.

También aportó flexibilidad en términos de fragmentar una hipoteca a 20 años en 20 préstamos diferentes, lo que permite que las familias que no califican para la hipoteca a 20 años reciban financiamiento para ser propietarios de su casa. Otra forma de verlo sería pensar en cuántos mercados desatendidos están siendo atendidos por la flexibilidad de la prestación del servicio.

En este proyecto específicamente capacitamos a los supervisores de área de cómo expandir su mercado a las zonas rurales, con el uso de diferentes tecnologías, sería el equivalente a la transformación digital de hoy.

Las micro finanzas han tenido un impacto importante en la mayoría de las industrias, al aportar un elemento de flexibilidad.

En el caso de República Dominicana, el mercado de micro finanzas no ofrecía productos formales, es decir, de actores de mercado con tasas formales y competitivas al segmento poblacional de la base de la pirámide. Junto a una Fintech analizamos esa problemática y nos dimos cuenta que un alto porcentaje de las personas que no calificaban, era por la falta de un historial crediticio que ayudara a calificar el nivel de riesgo de la persona. Esto nos llevó junto a la Fintech a cerrar dicha brecha con un seguro a primeras perdidas para aquellas personas que no tuvieran historial crediticio. Este producto ayudó a muchas personas a acceder a micro créditos a tasas mas bajas, con condiciones de un mercado formal, que da más seguridad y atención al usuario. Esta solución también ayudó a los prestadores de servicios formales al poder acceder a clientes que antes no tenía, haciendo crecer su mercado.

Si hubiésemos utilizado el modelo estatal, probablemente, el proceso se habría burocratizado, su costo seria mayor y asumido por el estado asignando recursos de los impuestos para cubrirlo. Además es probable que se hubiera politizado el proceso para favorecer a personas alineadas con los lideres políticos, formando un grupo privilegiado sobre los otros. Al mejorar el mercado nos ahorramos todo ello.

Me parece que el análisis hecho a la fecha al modelo basado en el mercado, se ha hecho con muchos sesgos, ideológicos, políticos, además, como acabo de comprobar con el ejemplo anterior, simple ignorancia de las soluciones que resuelvan los problemas.

También mejorar mercados para temas de inclusión y medioambiente es la solución más razonable. Así lo han entendido actores de diversos sectores.

Una forma que la inclusión se hace realidad es a través de la inversión, aquí está el caso de la Corporación Financiera Internacional (IFC por sus siglas en inglés), miembro del grupo Banco Mundial, que vendió 100 millones de dólares en bonos de negocios inclusivos a la Compañía de Seguros de Vida Dai-ichi, marcando la primera vez que un inversionista institucional apoya negocios inclusivos del programa de negocios inclusivos de la IFC.

Aproximadamente cuatro mil quinientos millones de personas viven en la base de la pirámide, o con menos de 8 dólares por día. Ellos son a menudo ignorados por el mercado, pero en realidad son importantes para el crecimiento inclusivo.

El programa de bonos de negocios inclusivos de la IFC apoya las inversiones en empresas que

proporcionen rentablemente bienes, servicios y
oportunidades de empleo a la gente en la base
económica de la pirámide. Las ganancias de los bonos
son retiradas en una cuenta y utilizadas solamente
para la inversión en empresas del sector privado que
siguen modelos de negocios inclusivos.

La primera emisión de IFC bajo el programa, en
octubre de 2014, recaudó más de 100 millones de
dólares de inversionistas japoneses, explicó Heike
Reichelt de la IFC. "Los negocios inclusivos que
apoya la IFC son empresas en los mercados
emergentes que se integren activamente a
comunidades de bajos ingresos en su cadena de valor
para que puedan participar en el crecimiento
económico," dijo el Vicepresidente y Tesorero de la
IFC Jingdong Hua. "La aprobación de los bonos por
los inversionistas institucionales como Dai-chi es una
fuerte indicación de la oportunidad de ampliar el
programa, ya que la IFC busca incrementar nuestra
inversión en modelos de negocios inclusivos".
"Dai-ichi sigue principios de inversión que combinan
atractivas oportunidades de inversión social,
ambiental, y las consideraciones del gobierno
corporativo. Apoyamos firmemente la visión de la
IFC que la gente tenga la oportunidad de escapar de la
pobreza y mejorar sus vidas. Vemos un gran impacto
en ser el primer inversionista institucional en invertir
en bonos de negocios inclusivos de la IFC…"dijo
Kazuyuki Shigemoto, Director General del
Departamento de Inversión Global de renta fija de
Dai-ichi.

El banco de inversiones J.P Morgan es el gestor de los bonos. "J.P. Morgan ha estado activa en el mercado de las finanzas sociales y ha originado varios bonos de responsabilidad social"… como son los bonos verdes. "… Estamos comprometidos a servir a nuestra comunidad mediante el aprovechamiento de nuestras capacidades y conocimientos financieros", dijo Shoichi Ohkoshi, Managing Director, jefe de ventas & marketing de renta fija de JPMorgan Securities Japan Co., Ltd.

La IFC del grupo Banco mundial es el principal inversionista en negocios inclusivos. Desde 2005, ha comprometido más de once mil millones de dólares y trabajado con más de 400 negocios inclusivos en 90 países para integrar miles de personas, entre campesinos, estudiantes, pacientes, clientes de servicios básicos e instituciones micro financieras. Estas inversiones están ayudando a mejorar condiciones de vida, incrementar la prosperidad compartida y transformar los resultados del desarrollo sostenible en comunidades de bajos recursos alrededor del mundo.

En resumen, la IFC y otras organizaciones está aplicando una visión del valor público o compartido, un triple resultado que puede ser medido a través de la Responsabilidad Social (informes de sostenibilidad), o por los indicadores verdes o sectoriales, también se puede hacer al medir el acceso a bienes y servicios articulados para mejor servir a la base de la pirámide, la cual es una representación comercial de la inclusión.

Las diversas cadenas de valor donde las
organizaciones interactúan, también están asumiendo
un rol al producir estándares que sus miembros deben
seguir, porque la huella es exportable hacia la cadena
de valor, entonces eso lleva a que todos los miembros
de dicha cadena de valor deban cumplir con los
estándares, que se puede encontrar en las guías del
Global Reporting Initiative (GRI) para la aplicación
de la norma ISO 26000 sobre responsabilidad Social.

Política Pública y Regulación:
Tambien se pueden mejorar los mercados a través de
la regulación y los estándares que todos los sectores
han ido desarrollando en post del desarrollo
sostenible.

El siguiente caso esta relacionado con la protección
del medio ambiente. La industria del turismo esta
relacionado al medio ambiente de diversas formas.
Una de ellas es el impacto que las actividades
empresariales pueden tener en el medio ambiente.
Con ese objetivo en mente, desarrollamos un
proyecto para disminuir los efectos negativos en los
destinos turísticos. Otro elemento interesante fue que
en una encuesta internacional desarrollada por
Nielsen, mostró los siguientes datos sobre un nuevo
tipo de cliente, que Nielsen denominó El
Consumidor Consciente.

El Consumidor Consciente Nielson los define como
individuos bajo los 40 años de edad, que prefieren
pagar un costo adicional por hospedarse en

establecimientos que tiene programas de cuidado al ambiente y animales, así como Responsabilidad Social Empresarial. La encuesta detalla que un 66% prefiere ese tipo de establecimiento. Un 45% respondió su preocupación específicamente sobre el bienestar de los animales. La encuesta de Nielson tuvo 28 mil respuestas y se llevó a cabo en 58 países en el año 2012.

Con esos dos elementos trabajamos con un cluster de empresas turísticas interesadas en poder llegar a ese mercado del Consumidor Consciente. Desarrollamos un proyectos para identificar buenas practicas que permitieran llenar altos estándares de respeto al medio ambiente, bienestar animal y Responsabilidad Social Empresarial.

Tambien incluimos el elemento de educación, con el objeto que los colaboradores de los establecimientos se alinearan a los objetivos de la iniciativa.

Los distintos destinos comenzaron a profundizar estos elementos a partir de la propia experiencia que se desarrolló con los turistas que preferían este perfil de mayor sostenibilidad. Tambien se participó en redes empresariales que compartían dicha visión lo cual ayudó a expandir los mercados dentro de este nicho.

Tambien desarrollamos un Tool Kit para que nuevos destinos se sumaran al esfuerzo. El Primer Foro Internacional de Bienestar Animal y Turismo Sostenible, surgió a raíz de la necesidad existente de vincular el concepto de Bienestar Animal con diferentes entidades externas, focalizándonos en el sector turístico. Esto porque consideramos que si se quiere desarrollar un turismo verdaderamente sostenible el bienestar de los animales debería de estar incluido en los proyectos e iniciativas relativas al tema.

Costa Rica es conocido como un ejemplo mundial en cuanto a turismo sostenible y economía verde se refiere, por lo tanto, se convierte en el escenario ideal para reunir actores pertenecientes a los distintos sectores involucrados y empezar a trabajar en una nueva manera de manejar el bienestar animal en el sector turístico a nivel local y regional.

Los objetivos principales del foro fueron:

- Compartir casos exitosos y lecciones aprendidas a través de las experiencias de expositores de organismos invitados.
- Fomentar la reflexión y creación de nuevos conocimientos a través del trabajo conjunto entre invitados.
- Brindar espacios para discusión y propuesta de posibles iniciativas que vinculen el bienestar animal con los sectores asistentes.

A lo largo de dos días se impulsó la creación de vínculos y propusieron iniciativas para lograr un cambio en la manera en la que se concibe hoy el turismo sostenible y su relación con el bienestar animal.

Creando Valor Compartido: El triple resultado:
No se trata sólo de trabajar por los animales, sino por
un triple resultado global que se puede llamar valor
compartido.

El valor compartido busca el cambio a través de la
industria del turismo para incidir en el resto de la
sociedad. Cuidar a los animales, tener un consumo
sostenible que parta de una producción sostenible e
intercambiar experiencias que se transformen en
iniciativas.

Trata de crear mayor valor a través de inclusión de
aquellos sectores que no están representados dentro
de lo que se está haciendo, pero que de igual forma se
pueden involucrar.

Emprendimiento y Desarrollo de Mercados:
El desarrollo de mercados también ayuda al
emprendimiento y el emprendimiento también ayuda
a cerrar brechas en mercados poco eficientes.

Millones de emprendedores así como emprendedores
sociales crean soluciones para nuestro planeta y su
población.

La economía verde también se ha visto beneficiada
por esta visión de desarrollar los mercados. La
aplicación de los principios de la economía verde para
lograr un consumo sostenible apunta a la producción
sostenible de bienes y servicios por parte de los
actores del mercado.

La transición a una economía baja en carbono traerá un uso más eficiente de los recursos. La biodiversidad, la población animal, los recursos renovables y no renovables, la flora y la fauna forman parte del capital natural. La economía verde significa invertir en sostener ese capital natural, mientras se satisfacen nuestras necesidades de consumo.

El cambio de la economía marrón a verde no solo genera crecimiento, especialmente en términos de capital natural, sino que también significa un mayor crecimiento del PIB y del PIB per cápita. Una economía verde valora e invierte en capital natural. Una economía verde ayuda a aliviar la pobreza de diferentes maneras. Se crearán nuevos puestos de trabajo que compensarán la pérdida del empleo asociado con los negocios con formas y tecnologías antiguas. Destrucción creativa explica el cambio, cuando nuevas formas hacen obsoletos los modelos antiguos.

La economía verde es un marco que reúne recursos naturales, culturales y económicos para tener un modelo integrado que genere rendimiento de la inversión, asegurando un capital natural para las generaciones futuras. Requiere diseñar e implementar buenas prácticas. El impacto de la aplicación de los principios de la economía verde puede explicar el florecimiento de los modelos, como la economía circular, la producción masiva de tecnología solar y otros, por lo que nuestros patrones de consumo se vuelven más ligeros y con menos huellas.

En mi experiencia, cambiar los modelos de negocios para disminuir la presión sobre los recursos naturales o para responder mejor a las necesidades de las comunidades es solo el comienzo, ahora vemos nuevas industrias para satisfacer las necesidades de una manera diferente, convirtiéndose en un agente de cambio en sí mismo, la nueva paradigma es la conexión entre flexibilidad e inclusión, estos dos conceptos están cambiando las formas en que producimos y consumimos.

El objetivo de la Conferencia de las Naciones Unidas sobre el Medio Ambiente y el Desarrollo en Río de Janeiro, Brasil, en 1992, fue cambiar. Los veinte años más tarde vimos la aparición de nuevos patrones en Río + 20, y desde 2012 el cambio se está intensificando y vemos a nuevos empresarios que están surgiendo nuevas formas de satisfacer nuestras necesidades de consumo. Principios de la economía verde, el camino hacia un futuro sostenible.

Desarrollo de Marcados, el Estado y las ONG:
La importancia del Desarrollo de Mercados tambien es compartida por instituciones que hasta hace poco no le veían como una alternativa valida para resolver problemas de característica económica, medioambiental y social.

El modelo de resolver esos problemas desde el estado es de esta forma:

Oferta de Programa------------>. Población o Sector Meta

Es decir, la ONG o institución pública entregaba el programa en forma directa. Para ello tenia que invertir en crear la capacidad para la entrega del programa, sea este en educación, salud o cualquier otra área. Este modelo plantea problemas de escala, porque la inversión inicial es muy alta.

Bajo la lógica de Desarrollo de Mercado se ofrece el programa, pero quien entrega el programa es otro actor del mercado, y queda de esta forma.

Oferta de Programa-----> Actor de Mercado--->Población o Sector Meta

Es decir , desarrollas un programa, y luego encuentras elementos de ese programa en el sector privado.

Encontrando brechas a problemas de la sociedad y resolviéndolos a través del emprendimiento es un activo dual, porque resuelve problemas de nuestra realidad, pero a la vez nos permite generar nuevos puesto de trabajo y riqueza al cerrar estas brechas.

La alterativa seria un programa de gobierno, que de nuevo burocratiza el proceso dejándolo abierto a la corrupción y el clientelismo.

Mejor es encontrar una solución con una tasa interna de retorno (TIR) positiva, que además provee trabajos y oportunidades a diferencia de los programas gubernamentales que muchas veces son más caros, menos efectivos y que terminan creando déficits fiscales que redundan en menos oportunidades y trabajos.

Otro caso donde el emprendimiento soluciona problemas sociales y ambientales como en la organización del Shelter Tech 2017, donde se trabajó con emprendedores que desarrollaron bienes y servicios que ayudan a cerrar brechas en la vivienda social en México.

Se identifico a esos emprendedores y se llevó a escala sus productos y servicios. Los productos iban desde ladrillos hechos con plástico de reciclaje, pasando por sistemas para la producción de electricidad solar para viviendas que no están conectadas a la red de oferta eléctrica hasta servicios de intermediación financiera que permiten el sueño de la vivienda propia a poblaciones de la base de la pirámide.

Otro ejemplo es la creación de un dispositivo que puede ser manejado por medio de mensajes de texto de celulares y que corta el suministro de agua en ciertos horarios, lo que permite el ahorro del recurso hídrico así como baja de la cuenta de agua.

Como pueden ver, mejorar los mercados es una mejor receta que tratar de reemplazarlos con soluciones que no han probado funcionar.

Los individuos tiene mejores soluciones a los problemas sociales y ambientales que un burócrata, porque viven esa realiadad, la experimentan diariamente, por ello que las soluciones que nos traen son más efectivas, ya que responden a la realidad y no a una hipótesis que se trata de validar.

Esta visión tambien ha ayudado a crear formas de pagar por el impacto y nos las actividades. En el pasado, si se quería realizar un proyecto social, se desarrollaba una estrategia y luego se ejecutaba dicha estrategia con las diversas actividades que implicaba su implementación. El problema es que las actividades pueden o no resolver la situación que se enfrenta, pero como se pagan las actividades el gasto se realiza independiente del resultado.

Con la visión de Desarrollo de Mercados, uno puede pagar solo por los resultados que se buscan con el programa. Ya que no pagas por actividades sino que por el impacto que se logra. Esto ha derivado en los bonos de inversión de impacto que se utilizan tanto por parte de gobiernos y sus instituciones así como ONGs , empresas y organizaciones que buscan tener un impacto social, ambiental o económico.

10 MIS EXPERIENCIAS

Con el Banco Interamericano de Desarrollo (BID), con quienes trabajé tanto en Washington DC como en el terreno, fui oficial de enlace del BID para la reunión Pathways to Growth: Comparando las políticas económicas de Asia Oriental y América Latina en la sede de la CEPAL en Santiago.

Un área que estaba creciendo cuando llegué a Santiago era la cooperación sur-sur. Trabajé con Expertos Temáticos de diversos sectores en el intercambio de proyectos y experiencias exitosas en otros países de la región. Estos intercambios fueron financiados con convenios de cooperación técnica interinstitucional no reembolsable que también gestioné.

Un ejemplo de esto fue una donación otorgada a una organización de mujeres tejedoras que tejen suéteres y prendas de vestir de Montevideo, Uruguay, esa misma experiencia se trajo a Valdivia, Chile donde se formó y apoyó el grupo Manos de Valdivia.

También cubrimos políticas públicas y diseñamos intercambios con funcionarios de gobierno de diferentes sectores para compartir estas experiencias y evaluar si de esa conversación podría surgir una operación. De igual forma trabajamos con el sector agrícola, para que los países pudieran exportar productos frescos y congelados, como hacía Chile con uvas, melocotones, para que la capacidad exportadora de los países creciera. En el caso de Belice, que se había independizado recientemente, brindamos apoyo en cinco sectores diferentes, compartiendo experiencias exitosas, presentando opciones a los funcionarios del gobierno en Belmopán y creando políticas públicas que ayudarían a la nueva nación.

Organicé el Primer Seminario Internacional de Legislación Ambiental en Latinoamérica y el Caribe con representantes de 21 países en alianza con UICN y CEPAL en Santiago de Chile.

Con la Sociedad Mundial Para la Protección Animal, (WSPA por sus siglas en ingles) una ONG basada en Londres desarrolle iniciativas bajo el eje de consumo sostenible y producción sostenible.

Desarrolle relaciones con los socios estratégicos, el trabajo principal de WSPA en los foros internacionales, desarrollé herramientas para conectar con audiencias más anchas. Liderar la iniciativa regional sobre turismo sostenible con organizaciones asociadas de la sociedad civil, el gobierno y empresas, cambiando los modelos de desarrollo aplicando los principios de la Economía Verde y Azul con socios locales. Manejé un programa de subvenciones gestionadas con objetivos de creación de capacidad.

Lideré iniciativa en México para incluir estándares ISO 26000 en las herramientas de Rendición de cuentas y Responsabilidad Social Corporativa que llegan a más de 1500 empresas que reportan cada año sobre esas normas.

Lideré campaña para diseñar e implementar indicadores de sustentabilidad que permitan a más de 1500 empresas de México informar sobre la norma ISO 26000 de responsabilidad social para el análisis y mitigación de impactos en la población animal. Los indicadores se pueden aplicar en cualquier país de América Latina. Esta campaña condujo a alianzas y acuerdos en la educación, el alivio de desastres y el desarrollo de capacidades, luego de lograr incluir los indicadores claves, se identifico socios potenciales así como a diseñar y ejecutar estrategias de vinculación con la participación de expertos temáticos.

Gestione un Programa Regional de Fortalecimiento Institucional: brinde capacitación a las ONG afiliadas a la Red de la WSPA de América Latina y el Caribe. Desarrolle alianzas para la ejecución de proyectos en Argentina, Brasil, Chile, Centroamérica, el Caribe y México.

Lideré la iniciativa regional de Turismo Sostenible en

ALC con 30 organizaciones asociadas. Los proyectos y las nuevas empresas ayudaron a aliviar la presión sobre los recursos naturales a través de proyectos de emprendimiento del sector turístico local, cambiando los modelos de negocios y desarrollo para las comunidades costeras. La iniciativa reunió a un grupo diverso de partes interesadas globales y partes interesadas para discutir el nexo entre el bienestar animal y el turismo, un concepto innovador. Organicé el Primer Foro sobre Bienestar Animal, Turismo Sostenible y Economía Verde con la presencia de representantes de 10 países y 30 organizaciones.

Lideré la introducción a nivel regional de Mosaico Animal, una plataforma comunitaria en línea para vincular a científicos, empresas, OSC, instituciones de investigación, universidades y gobiernos sobre temas de Bienestar Animal, compartiendo herramientas, datos y resultados de investigación realizados por miembros de la comunidad.

El proyecto Turismo Sostenible y Bienestar Animal sirvió para traer nuevos negocios en mercados adyacentes que produjeron un impacto en el trato a los animales en el sector turístico, con cambios en las cadenas de valor así como en las políticas públicas y apuntando a mayores niveles de rendición de cuentas, y mejores regulaciones. Lo que también ayuda al ecosistema al traer nuevas prácticas sostenibles que hicieron que los destinos recibieran nuevos turistas.

Desarrollé alianza estratégica con el gobierno Estatal del estado de Puebla en México lo que nos abrió las puertas para desarrollar programas financiados por el Estado en educación, el alivio de desastres y el desarrollo de capacidades.

Proporcioné capacitación y desarrollo a coaliciones especiales, grupos y sus miembros en áreas de programas prioritarios. Como es el caso de las ONG que trabajan con los gobiernos nacionales en su posición e influyen en sus votos en la CBI (Comisión Ballenera Internacional), conocida como Grupo de Buenos Aires. Una coalición de América Central que trabaja en la protección de la vida silvestre también recibió capacitación y desarrollo, así como una coalición que representó las posiciones de la WSPA en las reuniones de la ONU para el consumo y la producción sostenibles, una coalición que trabaja en reuniones de conservación como CoP y otras reuniones de la CMNUCC.

Otro aspecto interesante fue formar un equipo de consultores para WSPA para desarrollar organizacionalmente más de 300 ONG que forman parte de la Red de Sociedades Miembro de WSPA que dirigí en LAC. Tuve consultores en México, Costa Rica, Nicaragua, El Salvador y República Dominicana, todos con antecedentes ligeramente diferentes, traté de reunirlos una vez al año, dependiendo de la disponibilidad del presupuesto, pero también realizamos llamadas de Skype y organicé procesos de análisis de pares.

Lideré un programa de desarrollo de capacidades, ayudando a una red de 300 organizaciones, que construyó socios sólidos para la ejecución del programa a nivel nacional. diseñó el programa de acuerdo con la estrategia global, contrató consultores y personal de apoyo y administró el presupuesto general del programa. El desarrollo de organizaciones fuertes también ayudó a encontrar nuevas formas de asociarse fuera de la Red de Sociedades Miembro, expandiendo el impacto y los ingresos al cubrir mercados secundarios o adyacentes.

Alianza con USAID para apoyar procesos de desarrollo de capacidades en el sector agrícola, trabajando con comunidades afectadas por impactos del tratado de libre comercio entre Estados Unidos y Centroamérica.

Como Director en Habitat for Humanity International lideré el equipo del departamento de Desarrollo Institucional con el apoyo de dos Directores Asociados en PME, Aprendizaje Organizacional y una Oficina de Gestión de Proyectos, lideré el equipo de Coordinación de País con Gerentes y Analistas de país dando seguimiento al impacto en la región, contribución al plan estratégico, gobernanza institucional y alianzas institucionales.

Promoví los esfuerzos de captación de capital en países de ingresos medios con mercados prometedores como en el caso de Brasil, México y Chile, esto también fue influenciado por las diferentes dimensiones de la estrategia, por ejemplo, el segmento de individuos de alto patrimonio neto más grande de Brasil se encuentra en Sao Paulo para trabajar con nuestra Oficina de Gestión de Proyectos.

Otro cambio que se produjo al priorizar nuestras inversiones en expertos en la región, un ejemplo son los servicios de PM&E de la Oficina de Área a las Organizaciones Nacionales que reciben financiamiento del proyecto del BID, DFID, WB, CAF, USAID. Se trata de contratos multimillonarios en plazos ajustados y, a veces, con capacidad limitada a nivel local.

En México, debido a los terremotos de 2017, diseñamos un proyecto de reconstrucción que dos años después había construido 1,500 viviendas nuevas en cuatro estados diferentes, la cartera administrada fue de 60 inversionistas / donantes institucionales entre internacionales y nacionales, también implicó el envío de un equipo de apoyo al lado operativo que involucró a las autoridades municipales, empresas constructoras, organizaciones comunitarias y las familias. Invertimos mucho en el monitoreo, manteniendo reuniones semanales con el equipo en México, repasando el diagrama de Gant, identificando cualquier obstáculo, fuimos muy buenos en tener un plan B, porque siempre había problemas que surgían, tratamos de aplicar una metodología de gestión ágil.

Lideré un equipo de profesionales a cargo de la Coordinación de País y Análisis de Datos de Resultados de Programas con 17 Oficinas Nacionales de América Latina y el Caribe. Mi equipo estaba a cargo de las relaciones institucionales, la creación de capacidades y la promoción de alianzas con las Organizaciones Nacionales.

En Republica Dominicana apoyé la creación de instrumentos de segundo piso para bajar barreras de acceso a familias de la base de la pirámide en el sector micro financiero de vivienda social, introduciendo un seguro a primeras perdidas.

También fui miembro del Grupo de Trabajo para el Desarrollo de Mercados Globales. Dirigí los esfuerzos de nuestros equipos para establecer sistemas que permitan a nuestras organizaciones nacionales involucrarse con socios regionales, mantener registros de interacciones y monitorear los resultados de los acuerdos de alianzas, así como tener un sistema efectivo de rendición de cuentas. Supervisé a las entidades controladas en la región de América Latina y el Caribe. Represente a HFHI en distintos directorios de entidades nacionales.

También optimicé nuestro apoyo a las Organizaciones Nacionales con una matriz de servicios diferenciados, que respondía a las nuevas prioridades institucionales. Eso nos permitió concentrarnos en países prioritarios, con inversiones más sustanciales en la ejecución de programas. Esto se hizo en los principales mercados que requerían un cambio de estrategia, de ganancias incrementales en la ejecución de proyectos, principalmente construcción, a una en la que miramos el déficit de vivienda en un país determinado y decimos, ¿cómo puedo resolver este problema?

Usando una matriz de desarrollo, con diferentes dimensiones ahora trabajábamos no solo con familias y comunidades en soluciones directas sino también en una dimensión que incluye brechas en Políticas Públicas y / o Sistemas de Mercado, en este caso, intentamos con éxito influir en otros a través de políticas o soluciones de mercado que reduzcan las barreras para los pobres y sus soluciones de vivienda. Esto también generó más alianzas porque la organización está dispuesta a buscar socios en mercados adyacentes, como WASH, Desarrollo Urbano, Servicios Financieros, y encontrar socios y donantes previamente desconocidos.

En México con el Centro Innovación en Vivienda AC, trabajamos con micro financieras atendiendo el segmento de vivienda social, generando oportunidades de crecimiento para emprendedores que buscaban cerrar una brecha a través de un Shelter Tech en 2017, creando Vivienda APP, un app que engrupa productos y servicios para la vivienda social, asegurando una oferta equilibrada de bienes y servicios.

Para ingresar a estos otros segmentos era necesaria una entidad legal diferente, por lo que trabajé con la Junta Nacional, un directorio independiente, en compartir el territorio con un actor de mercado, porque para influir en los mercados, debes ser un actor de mercado. Esta visión compartida estableció una estrategia centrada en el desarrollo de la confianza, una visión compartida y la rendición de cuentas. Hoy en día, la segunda entidad, el actor de mercado, representa alrededor del 60 al 70 por ciento del impacto de HFH en México, y el impacto total se ha duplicado.

Como consultor en mi firma **Brandt NPS Consultores** desarrolle las siguientes estrategias. Trabajé en la Iniciativa Think Tank con IDRC, desarrollando una red de consultores nacionales para brindar Desarrollo Organizacional a los think tanks que trabajan con el IDRC, para mejorar la capacidad de promoción de su trabajo de investigación.

También brindé servicios sobre inclusión micro financiera como una forma de brindar oportunidades en comunidades rurales en asociación con ALIDE y el Centro de Capacitación de AECD en Antigua, Guatemala, brindando capacitación sobre nuevas tecnologías para la inclusión micro financiera para prestadores de servicios micro financieros y funcionarios gubernamentales. También apoyé el desarrollo de herramientas de segundo piso que habilitaban a una población a recibir microfinanciamiento, como el caso de un microseguro para primeras perdidas, que permitía acceder al crédito a poblaciones no atendidas por los actores del mercado microfinaniero local por alguna brecha o falla sectorial. Esta iniciativa cerro dicha brecha ampliando el mercado para las entidades micro financieras así como permitiendo a personas que usaban métodos informales, que en su gran mayoría son más caros, acceder a un producto del mercado formal y más barato. Obteniendo un beneficio adicional al bancarizar a dichas poblaciones que luego podrán acceder al mercado formal porque contaran con un historial de crédito.

Desarrollé el Club de Emprendedores para una Corporación de Desarrollo. Vinculando a estudiantes universitarios de 3er y 4to año con una red de emprendedores, trabajando en asociación para llevar productos agrícolas a los mercados de manera sostenible. Los estudiantes recibieron capacitación sobre el Proceso de Consultoría y brindaron asesoría a los emprendedores en las áreas de mercadeo, contabilidad, legal y producción. El socio corporativo brindó servicios de capacitación en TI. El financiamiento y el capital de trabajo fueron proporcionados por la Agencia Estatal que apoya a los nuevos empresarios en el país.

En Desarrollo de Mercados, logramos que individuos ubicados en la base de la pirámide de ingresos, tengan acceso a productos y servicios ad-hoc a sus necesidades. Estos mercados tienden a ser poco visibilizados por empresas y agentes de mercados. Al desconocer las características de estos mercados, menos bienes y servicios son pensados en este tipo de consumidor. Por ello la tendencia se perpetua en el tiempo.

Con distintas instituciones y en distintos sectores y países he participado en proyectos de desarrollo de mercados. El más significativo es el trabajo en micro finanzas, donde desarrollamos diversas tecnologías y capacidades para poder llegar a un creciente numero de individuos, que previo a este esfuerzo no eran atendidos. Los mercados son el lugar ideal para este tipo de intervención, ya que son algo que todos los humanos utilizamos, al comprar el pan, o la fruta, servicios, todo tipo de bienes y servicios de primera o segunda necesidad, todo eso está en el mercado, entonces es el lugar natural donde tratar de mejorar el acceso y su costo.

Otro mercado donde participé es el del turismo. Desde la instalación de programas vocacionales para capacitar y entrenar a individuos de comunidades turísticas, así como pasando por la creación de ejes diferenciadores de la oferta para atender a un mercado de turismo responsable,

Desarrollé el podcast CONVERSACIONES CON CHANGEMAKERS, el cual es una revista en línea, tratando diversos temas alrededor de la sostenibilidad con invitados buscando presentar una visión integral del desarrollo, así como intercambiar lecciones aprendidas que puedan ayudar a otros. Compartir un mensaje de que nos llame a la acción y energice a la audiencia con personas que cambian la realidad, que son actores de los cambios que están sucediendo, con la conveniencia del formato en línea. Los invitados son individuos que desde distintos áreas son CHANGEMAKERS. Entre los invitados estuvieron Isabella Zozoaga, Periodista, Directora de Enlace México, Alejandra Monge, Directora Ejecutiva de Fundación Corcovado, Mafi Sandoval, Jefa de carrera ingeniería en Turismo de la Universidad Tecnológica Metropolitana – UTEM de Chile y Anyerline Marín, académica de la carrera de turismo ecológico en la Universidad de Costa Rica – UCR, María Nelly Cajiao, Directora Especialización Bienestar Animal, de la Universidad Uniagraria, Bogotá, Colombia, Francisco Freyria, Director General de FUTEJE de México, Julieta Méndez, Directora Sénior de Desarrollo en CANDID, Dirigía la red Candid con 400 socios y sobre 20 capacitadores para conectar los recursos con el tercer sector compuesto por Fundaciones, Centros de Investigación, ONG, Centros de Educación, Organizaciones Base y Comunitarias, Artistas y Emprendedores, Moacyr Bittencourt experto anti-bullying y del movimiento cooperativista en Latinoamérica y el Caribe, Efraín Díaz, educador, capacitador, experto con experiencia global en enseñanza de ingles como segundo idioma, voluntario, emprendedor social y changemaker

Lideré el diseño de la estrategia para la iniciativa Inclusión Digital: Mejor ROI en Política Pública. La inclusión digital tiene el mejor ROI de Política Pública ya que mejora el ecosistema impactando todos los sectores y segmentos demográficos. La brecha entre personas, tecnología y datos debe cerrarse para alcanzar el desarrollo. La presentación se realizó en la reunión CLEI en el Instituto Tecnológico de Costa Rica (TEC)

11 CONCLUSIONES

Como conclusiones analizaremos las oportunidades que se dan de esta coyuntura histórica, las cuales sumadas a las propuestas se podrán aprovechar para superar la falta de empleo en el mundo

La tecnología, punto central de nuestra propuesta, se puede acceder vía la asociación de la sociedad civil con la empresarial y con esto se abre una ventana de oportunidad para que exista contacto con personas con intereses comunes de cualquier lugar del mundo. La era del intermediario se terminó, y esto trae una nueva revolución, pero ya no industrial sino que tecnológica.

Con una actitud más proactiva de nuestros gobiernos podríamos aprovechar las ventajas que nos da este mundo. Sí, con injusticias como las cuotas de importación, pero también con oportunidades de, finalmente, poder dar el salto al desarrollo que necesitamos y que gracias a la tecnología podemos lograr.

No pensemos que esa oportunidad va a estar ahí toda la vida. Mientras nos debatamos en la pregunta, los países desarrollados están desarrollando otros modelos y tecnologías, que quizás si nos demoramos mucho, mantengan esa diferencia de desarrollo por falta de visión nuestra.

Día a día se crean nuevas oportunidades para que por medio del uso de la tecnología se llegue a todos lados y con ello se incluye a los excluidos. Como decía

Susan Segal, si se llega a una asociación entre el mercado y la sociedad civil y se logra incorporar la tecnología a nuestros productos, muy pronto podemos lograr ese salto necesario. Como lo hicieron las economías del sudeste asiático entre mil novecientos sesenta y mil novecientos noventa.

El Fondo Monetario Internacional, voz conservadora de la economía mundial, ha dicho que se deben rebajar las trabas arancelarias a productos de países del tercer mundo para que éstos puedan pagar la deuda pública con entidades financieras.

La Organización Mundial del Comercio (OMC) debe colaborar para mejorar el mundo del comercio. El llamado de su institución hermana el FMI para que se abran los mercados, es un llamado de atención a la OMC.

Quizás ahí esté la solución; que los países bajen en la mitad o en su totalidad las barreras tanto arancelarias como para-arancelarias, para incrementar el comercio.

Si dejamos que eso suceda, superaremos la pobreza y probablemente las diferencias no se acentúen. Si se dejara al mercado realmente libre, podríamos beneficiarnos de mercados laborales flexibles que permitan la recontratación en algo inmediato y de mercados internacionales abiertos a nuestros productos.

Es esencial fortalecer la OMC y su sistema de reglas para asegurar que también trabaje para los países pobres.

La OMC debe reforzar un sistema de comercio internacional con reglas claras. Para ello, debemos dar las facilidades para que todos estos países estén representados en la OMC.

En una entrevista el ex subgerente del Fondo Monetario Internacional, el economista Augusto Aninat nos define las etapas o reformas de primera, segunda y tercera generación que deben tener las economías como las nuestras para abrirse al mercado mundial y tener la oportunidad de ganar con la globalización, así como lo hacen otros países.

La reformas de primera generación son la liberación del comercio exterior, rebaja de aranceles, ordenamiento de política monetaria, fiscal y un Banco Central autónomo.

Las reformas de segunda generación son, desregulación, privatización y políticas que ayuden a la capacidad de competencia de diversos sectores o reformas sectoriales.

Las reformas de tercera generación tienen que ver con la reforma educacional, específicamente con las materias vistas por los estudiantes. Siguen la educación superior, con su componente técnico y profesional. Otro tema es el de las Tecnologías de Información, la reforma a la Salud y, finalmente, la descentralización de los gobiernos, fondos de desarrollo regional, impuestos regionales y servicios

que se prestan a la comunidad vía las municipalidades
y ya no más desde una entidad centralizada.

Como vemos, las reformas de primera generación
buscan arreglar el camino; las de segunda generación
permiten que capitales privados, foráneos o
nacionales participen más activamente en la
economía. La tercera es consolidar lo anterior dando
mayor profundidad a los cambios para que estos
coloquen a nuestras economías a ganar de las
oportunidades que se crean gracias a la globalización.

Como decíamos anteriormente, el FMI ha llamado a
las naciones industrializadas a bajar sus barreras para
la importación de productos de economías en
desarrollo. Estas mismas economías en desarrollo son
las que le deben justamente a estos países
industrializados deuda pública. Es decir, estos países
deberían ver en su beneficio el dejar entrar a
productos de otro país, que además les adeuda dinero.

Recuerdo la conversación que tuve en la ciudad de
Montreal, Canadá, hacia el año mil novecientos
ochenta y nueve, con un profesor universitario quien
me explicaba que las carreras científicas estaban
dominadas por la universidades anglófonas y las
carreras humanistas brillaban en las universidades
francófonas.

Esto porque el mundo Anglo-Sajón es más técnico y
práctico. Por otro lado el mundo de origen latino esta
más dado a seguir carreras de carácter humanista.

Como enseñanza de lo anterior, debemos comprender que el pragmatismo que necesitamos tener es saber utilizar tanto las ciencias exactas como las humanistas para resolver nuestros problemas. El éxito o fracaso de nuestra gestión para resolver nuestros problemas puede que esté ahora y vía el aprovechar las oportunidades que nos da la globalización.

Milán - San José, 1998-2001

CONCLUSIONES DE LA SEGUNDA EDICION

Luego de las elecciones en EEUU y del Brexit, se instala nuevamente el debate sobre la Globalización y sus efectos. La pregunta es ¿quién ganó una mayor participación de estos mega mercados creados gracias a la Globalización?, ¿los países desarrollados o el mundo en desarrollo?

La tecnología nos ha liberado y países de nuestra región se han vuelto centros de servicios de calidad mundial, con lo cual han traído a sus economías mejores empleos y han aprovechado esta era de oportunidades. Por otro lado en EEUU y Europa un mayoritario sector de la población se siente perjudicada por la Globalización.

Entonces, convengamos que esta visión ayudó a algunas economías de la región a mejorar la calidad de empleos que ofrece a su población, y en cierta medida este cambio en Latinoamérica obedece al legado de una Revolución Silenciosa que comenzó en Chile.

Escazú, diciembre de 2016

CONCLUSIONES DE LA TERCERA EDICION

Ciertamente, los países que adoptaron una actitud proactiva, negociando tratados de libre comercio, abriendo sus mercados y bajando aranceles, han resultado más beneficiadas, así como los países que no las adoptaron resultaron con menores tasas de crecimiento y una peor oferta de empleos para sus nacionales.

Pero para sorpresa de todos, hoy se critica fuertemente estas políticas porque no llevaron a una mayor igualdad. Aunque esa igualdad signifique más pobreza para todos.

Hoy también se habla que el Estado puede resolver las fallas del mercado, lo cual simplemente no es cierto. Es decir, por algún motivo se ha reemplazado el antónimo de deficiencia de mercado, que sería eficiencia de mercado, por la noción que el Estado puede ser mas eficiente que el mercado, lo cual no es así. Como revisamos en esta tercera edición, el Desarrollo de Mercados es una realidad que mejora el acceso a bienes y servicios a la población, a diferencia de las propuestas de un Estado más presente. Esto sucede por una lógica muy simple, el Estado gasta sus ingresos en ofrecer empleos a una minoría privilegiada de políticos y operadores políticos que continúan con su retórica de representar a los más pobres. No mejora el acceso a bienes y servicios para la población, sino que su promesa, totalmente retórica, es que habrá más igualdad, como si eso

resolviera los problemas de acceso a bienes y
servicios. No lo hace.

De nuevo los efectos de la Globalización se hacen
sentir, la apertura de mercados sigue siendo la gran
solución que ha dado grandes resultados desde hace
ya 40 años a los países que han adoptado esas
políticas para promover el comercio y brindar trabajos
de calidad global a sus ciudadanos.

Escazú, Noviembre de 2022

ACERCA DEL AUTOR

Maximiliano Brandt nació en Chile, estudió su pregrado y postgrado en Washington DC. Es Licenciado en Ciencias del Comportamiento de National-Louis University y tiene el grado de magíster en Ciencias de Administración de Central Michigan University.

En su experiencia laboral destaca el trabajo que realizó durante 15 años para el Banco Interamericano de Desarrollo (BID) en sus oficinas de Washington DC, Santiago y San José.

Además, ha trabajado para Apedela, Cuerpo de Paz, Centro de Management Social, Centro Internacional de Investigación para el Desarrollo. Fue gerente de Relaciones Externas de WSPA y luego director de Desarrollo Institucional en Habitat for Humanity International.

En 1995 fundó NPS Consultores, empresa con la cual ha proporcionado servicios de consultoría, coaching y entrenamiento a diversos clientes en más de 25 países. Es consultor acreditado en las Directrices del Global Reporting Initiative para la elaboración de Reportes de Sostenibilidad ISO 26000.En México fue miembro del Directorio del Centro de innovación a la Vivienda AC.

Ha publicado con Apedela: Reingeniería a Escala Humana y Cambio de Velocidad de Desarrollo Socioeconómico.
Publicó Crónicas Socioeconómica, que son una recopilación de artículos publicados en la prensa chilena, y Partnerships & Networks que es la versión de Alianzas en inglés. También ha publicado con la Editorial Académica Española -EAE y el Grupo Consultivo Externo - GCE,

del cual es miembro fundador. El GCE es parte del
mecanismo de rendición de cuentas del grupo BID.

Actualmente dirige su firma consultora Brandt &
Asociados NPS. Reside junto a su familia en Escazú,
Costa Rica.

BIBLIOGRAFIA

Aninat, Augusto. Entrevista. Salgan un poco de la obsesión por la Macro / Reformas de Primera, Segunda y Tercera Generación/ Revista Qué Pasa / Santiago, Chile. Edición del tres de diciembre del 2000.

Brandt, Maximiliano. Cambio de Velocidad de Desarrollo Socioeconómico, Primera Edición, Costa Rica, 2001

Brandt, Maximiliano. Reingeniería a Escala Humana/ Primera edición/Edición Roxana Kop, San José, Costa Rica 1998.

Brandt, Maximiliano. Alianzas. Editorial Académica Española (eae), España, 2018

Bravo Carrasco, Juan. El Encanto de la Comunicación. Editorial Evolución. Santiago, Chile. 1998

Cerda, Carlos. Morir en Berlín. Editorial Planeta. Santiago, Chile, 1993.

Duby, Georges. Año 1000, año 2000 la huella de nuestros miedos. Editorial Andrés Bello, Santiago, Chile, 1995.

Descartes, René. La Teoría del Método. 1637. Editorial Losada, Buenos Aires, Argentina. 1994 (17va.Edición).

Dieckxsens, Wim. Los Limites de un Capitalismo sin Ciudadanía. Editorial Universidad de Costa Rica.1997.

Forrester, Vivianne. El Horror Económico. Fondo de

Cultura Económica. Paris, Francia.1996

Friedman, Thomas L. The Lexus and the Olive Tree: Understanding Globalization. Anchor Books.New York. 2000.

Giddens, Anthony. Un Mundo Desbocado. Grupo Santillana de Ediciones. Madrid, España. 2000

Greider, William. Secrets of the Temple: How the Federal Reserve Runs the Country.Touchstone Books. New York, EEUU. 1987.

Hobsbawm, Eric. Historia del Siglo XX. Editorial Crítica. Barcelona, España. 1995.

Iglesias, Enrique. Entrevista Sombras y Luces de la Dolarización. Grupo de Diarios América. Miami EEUU. Diciembre del2000. Diario La Nación, San José, Costa Rica. Dic. 2000.

Miranda, Noemí. Infocentros Acercan la Red a la Comunidad. Diario La Tercera. Santiago, Chile. 15 de Diciembre del 2000

Pfaff, William. Nuevo Estudio Cuestiona el éxito de la globalización. Diarios Las Américas. Miami   EEUU.30 de sep. de 2000.

Rimmer, Dave. Once Upon a Time in the East. Fourth Estate Lmited. Londres, Inglaterra. 1992

Rodríguez, Mauricio. La Receta del FMI contra la Pobreza. Diario La Tercera. Santiago, Chile 27 de Noviembre del 2000.

Rojas, Enrique. El Hombre Light: Una Vida sin Valores.
Ediciones Temas de Hoy S.A. Madrid 1992.

Thurow, Lester. Building Wealth: The new rules for
Individuals, Companiesa and Nations.Harper Collins
Books. New York.1999

Si-Promicro. Lista de Intercambio sobre
Microempresa.www.sipromicro.com . Fundación Galileo.
San José 2000-2001.

Sommerville, Hernán. Negociando en tiempos difíciles.
Editorial Zig-Zag. Santiago, Chile. 1989.

Soto, Hernando de. El Otro Sendero. Instituto Libertad y
Democracia. Lima, Perú.1989

Thurow, Lester. Building Wealth: The new rules for
Individuals, Companies and Nations.Harper Collins
Books. New York.1999.

Washington Post. Editorial Federal Reserve Cuts the
Interest Rate. Edición. Enero 4 del 2001.

Yunus, Muhammad. Hacia un Mundo sin Pobreza.
Editorial Andrés Bello. Santiago de Chile. 1998.

PRESENTACION

La presentación del libro fue en la Universidad Nacional (UNA) de Costa Rica, en su campus de Heredia, Costa Rica, un martes diez y nueve de junio de 2001.

El evento fue liderado por Shirley Benavides, directora de la Maestría Economía de Desarrollo de la UNA y por Ronald Martínez, representante del Banco Centroamericano de Integración Económica (BCIE) quienes presentaron el libro.

Este libro reproduce los resultados de una investigación socioeconómica que persigue encontrar los fundamentos de la nueva economía globalizada.

El libro lo comencé a escribir en Milán, lugar donde también comencé la investigación. Luego visité Roma, Berlín y Brandemburgo con el mismo propósito.

La investigación me llevará además a Guatemala y a la ciudad de Saint Louis en EEUU.

Esta es la lupa para observar la realidad, cada vez más globalizante.

CAMBIO DE VELOCIDAD DE DESARROLLO SOCIOECONOMICO